樂律

似本能、既視感、墨菲定律……
解密佛洛伊德的冰山理論，開啟大腦的「暗門」！

第六感的真相，左右人類思考的

無意識力量

- 「這個畫面我見過！」明明是初次體驗卻十分熟悉？
- 「臉盲」不擅長辨識人臉，背後竟擁有超強記憶力？
- 有壓力才有動力！重度拖延症的人喜歡追求刺激感？

初生嬰兒天不怕地不怕，長大後各種恐慌症爆發；
我們為何會成為這樣的人？挖掘潛意識替生活創造更多可能！

宋丹 著

目錄

第三篇　潛意識修練，你能做很多的事

第四篇　駕馭潛意識，開啟社交網路的密碼

序言　奇妙的潛意識

心理學誕生之初給予人類的震驚不亞於達爾文提出的演化論，因為它解開了困擾人類數千年的很多謎團，諸如人為什麼會做夢、憤怒的情緒為什麼比幸福的情緒持續的時間要長、記住的事情為什麼會忘掉、人為什麼會有特定的恐懼等。

隨著一代代心理學家的努力，心理學已經逐漸成為一門完善的學科。那麼，心理學家分析和了解人的心理的途徑是什麼呢？一個重要的途徑就是對潛意識的研究。

每個人都有潛意識，但並不是所有人都能意識到潛意識的存在，更不用說發掘和使用潛意識的力量了。有一些人即使能意識到潛意識的存在，也不了解潛意識有多麼重要。但是，有少數人不僅能夠意識到潛意識的存在，還能合理地開發潛意識並為自己所用。

接下來，我們做一個小測試，請你盡力不要想像我描述的情景。試一試，看看你能否做到。

一棵樹。

一棵開滿白色小花的樹。

一棵開滿白花的小樹下，有一個穿著紅色連衣裙的長髮女子。

……

隨著描述越來越具體，閱讀完這段文字以後，你是否能夠接下來完全不去想像與之有關的景象或事物呢？是不是不能做到呢？腦海中似乎總是會有一棵樹若隱若現，對吧？

以上的測試就是潛意識發生作用的最好例證。在上述的測試過程中，你潛意識中接受了「一棵樹」的暗示，然而測試的要求是你不能進行與之有關的想像。於是，「一棵樹」的形象在你的腦海中變得越發鮮明。

以小見大，上述測試足可證明潛意識與你我的生活密切相關。也可以這樣說，人的任何行為其實都是潛意識影響的結果。

潛意識既掩藏著人類靈魂深處的喜怒哀樂，也同時蘊藏著自身尚未發掘並可加以利用的能量和潛力。學會傾聽自己的心聲，合理地開發潛意識並為自己所用，有時候會有意想不到的收穫。

總而言之，不斷了解潛意識的過程也是人類自我內心的探尋之旅。

為了更好地了解自己、發現更好的自己，開啟本書，我們一起從現在開始發掘潛意識的奇妙之處吧。

宋丹

第一篇

潛意識，真實存在的第六感

第一章　什麼是潛意識

潛意識：海平面下隱藏著的冰山

日常生活中，人們經常用到「有意識」這個詞。「某某有意識地要這麼做」、「某某有意識地要留出一定的時間」……所謂「有意識」，可以通俗地理解為「故意的」、「自主決定的」。比如：在規劃去機場的路線時，人們會有意識地多留出了半個小時，以免萬一遇到意外情況耽誤時間。這個「有意識」，就是人們害怕耽誤時間趕不上飛機，特意留出了半個小時。那麼，與主觀「有意識」相對的是什麼呢？就是一些並非主觀也並非「特意的」的行為或心理，我們稱之為「潛意識」。

很多人在學生時期都有過這樣的經歷：上自習的時候，小心翼翼地掏出一本漫畫書趴在桌子上看……突然感到「危險」襲來，於是趕忙轉過頭向後門望去，班導的臉果然出現在了後門的窗口上，差點被逮個正著。是什麼讓你預感到了「危險」呢？肯定不是你有意識的行為或心理，因為你正沉浸在漫畫書裡的情節中。那麼，是誰給你預警的呢？就是「潛意識」。

潛意識無處不在，很多時候，潛意識會默默地幫助人們，而人們卻對此一無所知。

有一天，你運氣不好入住了一家停電的飯店。你需要走樓梯回十樓的房間，這對於你來說無疑是一種考驗，你的身體會因此而感到疲勞。問題是，疲勞的狀態會在你走到多少層樓的時候出現呢？

走到三樓時，你已經感覺到疲勞了。再往上走，感覺雙腿越來越沉重，你的內心一直在煎熬，很想放棄，但你還是堅持住了。於是，你繼續向上走。走到六樓時，奇妙的事情發生了，你的疲勞感越來越弱，此時的你已經不再需要強迫自己堅持了，因為放棄的念頭已經消失了。這種情況似乎在告訴你：六樓是你的負面狀態的臨界點，只要過了六樓，負面狀態就會被戰勝。但是，事實真是這樣的嗎？

某心理學家為了驗證這個結論，做了後續的實驗，他把目標定為走到三十樓。因為這是一項艱難的挑戰，所以他在開始之前已經做好了放棄的準備。

果然，當心理學家走到三樓的時候，疲勞感覺出現了，並且越來越強烈。不過，他不擔心，因為六樓就在前面等著他。但是，意外的情況發生了，當他看到六樓的標識時，非但沒有感覺到輕鬆，反而更加想要放棄了。實驗沒有結束，他依然咬著牙向上走。

接下來的幾層樓，心理學家已經忘了自己是如何走上去的了，因為意識已經完全被疲勞感覺占據，他只是不停地告誡自己：「這件事還沒結束！」然而，就在他咬著牙繼續向上走的某一瞬間，身上的負面狀態消失了，此時抬頭一看，自己已站在二十一樓。接下來的幾層樓就像是前文描述的走到十樓的飯店房間一樣，雖然身體感覺非常疲勞，但他走得卻十分輕鬆，因為內心完全不用再與負面狀態對抗，他產生的情緒幾乎都是愉悅的。

如此看來，哪一層樓是人的負面狀態的臨界點根本無從考證，但有一點需要弄清楚：人從負面狀態是如何過渡到正面狀態的呢？心理學家認為，這絕非人的主觀心理在發揮作用，而是人內在蘊藏著的本能所致。

這種本能來自於心靈深處，可以幫助人抵禦逆境帶來的痛苦，心理學家將這種本能稱為自我暗示，而自我暗示則源於潛意識。

也就是說，每個人的內心深處都潛藏著強大的力量。它平時不會顯現，只有遇到特殊情況才會被激發出來，而決定這一切的就是潛意識。

著名心理學家佛洛伊德是這麼解釋潛意識的：如果將一個人的內心比作一座漂浮在海平面上的冰山，浮出水面的一小部分代表一個人的意識，埋藏在水面之下的大部分則代表一個人的潛意識。

每個人的言行舉止只有很小的一部分是意識在控制，其他大部分都是由潛意識來控制的。潛意識是主動在運作，但人們卻很少覺察到這一點。

大腦是怎麼產生潛意識的

在心理學研究中，潛意識最早是由佛洛伊德提出的。當時的佛洛伊德認為潛意識是個人的「靈魂最終掌權者」，而意識只是白日裡看管潛意識的「獄警」，重要職責就是時刻監督好潛意識這個「暴君」。在佛洛伊德後期的研究中，他又進一步試圖完善他的人格理論體系，再次將意識與潛意識細化為「本我」、「自我」、「超我」；同時，他將潛意識安置在本我的框架之中。

佛洛伊德的理論在一系列影視劇中作為靈感和核心的元素大放異彩。他的理論的確影響了很多心理學學科之外的人對心理學產生了興趣，但可能是囿於時代和科技的阻礙，佛洛伊德沒能從實驗中進一步對潛意識進行研究和挖掘，其僅僅停滯在潛意識的理論研究範疇上。

在吸收佛洛伊德關於潛意識的部分理論之後，現代的心理學已經能夠在一定程度上對大腦產生意識的區域和產生過程進行相應的分析和解釋。fMRI（功能性磁振造影）的橫空出世成為心理學家研究人腦的絕佳工具。透過對實驗對象腦部的掃描和分析，能夠發現人在做出一定的選擇和想法時大腦不同區域的反應及反應程度。透過這種類型的實驗，研究者逐漸了解了人腦中各種意識產生時各個部位的分工情況，並由此將大腦大致分為三個工作區。其中，最為原始的、幾乎所有的脊椎動物都具有的區域叫做「爬蟲類腦」，這一部分的工作就是完成大部分生存所需的動作和反應，以及產生一系列對生存有至關重要作用的基礎性情緒（諸如恐懼、憤怒等）。而其餘兩個部分則更為複雜，一般的研究認為，其餘兩個部分的大腦邊緣系統和新皮質之中就包含著更為複雜的潛意識形成的區域。

在人類演化的漫長過程當中，隨著語言、文字等能夠表達意識並進行交流的工具的出現，人腦正逐漸實現它自身的演化，潛意識則使人變得更容易受到語言、行為、理念的影響。

潛意識其實就是人的大腦在飛速運轉中將埋藏在大腦深處的所有資訊挑選、提取出來，之後面對某些事物、場合、情境中再及時地向人進行回饋的過程。

人類的大腦有將近八百六十億個神經元，與狒狒大腦內的神經元數量相近。這是巴西神經學家蘇珊娜．埃爾庫拉諾－烏澤爾在一項研究中得出的結論。每個神經元更是由眾多突觸所聯繫著，而這正儲存著人接收到的一切可以歸結到記憶當中去的資訊。正是由於這些資訊在人腦中的存在，人才能夠在某些時刻「福至心靈」，覺察到自己的潛意識的提醒。

潛意識的產生其實同意識的產生過程近乎一致，只不過在這個過程中所有可提取的原材料和潛意識的形成過程不被人們察覺而已。那些人們認為已經成為過去和經由時間打磨而被完全遺忘的部分，其實恰恰成為了人們潛意識中最為關鍵的材料和元素，隨時準備左右人們的選擇。

小馬小時候有被蜂群襲擊的遭遇，蜜蜂在她的身上狠狠地螫了好幾個包。

小馬長大成人之後，被蜂群襲擊的事已經忘得一乾二淨。某次參加朋友的婚禮時，小馬目睹了一個淘氣的男孩在餐具上塗滿蜂蜜招來一堆蜜蜂的情境，她的身體的某些部位頓時變得痛癢難耐。更要命的是，那正是小馬童年時曾經被蜜蜂螫傷的部位。

大腦記憶也許會變得模糊，但在小馬的身體記憶中，那次被蜜蜂螫傷的恐怖體驗仍然還在。當男孩的行為喚醒了小馬深藏在潛意識之中的記憶，身體就誠實的做出了回饋，使得小馬再次回憶起童年的痛苦經歷。因此，大腦並不是在產生潛意識，大腦只是在儲存潛意識。當條件適合的情況下，潛意識就會在意識的作用範圍之外大展拳腳。

好神奇，匪夷所思的直覺

你是否遇到過這種情況，某人會突然對某些事情發表一些直覺性的看法，話語總是以「我感覺」、「我知道」、「我想」開頭。最初，你也許會對這些毫無邏輯性的話語不感冒，因為這些話語完全就是個人的主觀想法。當你想對對方的話語做出反應並試圖把話題繼續下去時，對方會用一句簡單的「我就是突然這麼意識到了」來為你們的探討畫上休止符。但是，事情的演變往往會出乎你的意料，因為有時對方毫無邏輯的「預言」最後竟然得到了證實。

A：今天我出門的時候突然意識到我的男朋友可能把陌生女人帶回家了。

B：真的假的？那妳找他對質了嗎？

A：不需要。我看向鞋櫃，突然意識到我所有的鞋子都是隨便放著的，我想他一定是把我的鞋子藏起來過。

C：我懂妳的意思。和男朋友在一起時，某次我發現我的牙刷倒扣在牙杯裡。

B：實在是太糟糕了，後來妳怎麼做的？

C：當然是先提分手，他雖然沒有向我承認，但下一週就有了新女朋友。我想，她就是害我的牙刷被倒扣的元凶吧！

B：妳這又是怎麼得出的結論呢？

C：妳難道懷疑我的第六感嗎？

……

上面三位好朋友的聊天內容無疑是令人咋舌的，A和C僅僅憑藉突然擺亂的鞋子和倒扣的牙刷就能斷定男朋友疑似出軌，並且事情的結果通常會朝著她們認為的那個方向發展，她們似乎總是能透過看似毫無關聯的一些跡象發現她們想要知道和了解的真相。沒錯，看似無比神奇並準確的「女人的第六感」正是建立在她們對於事物的高度敏感和對於他人情緒變化的高度察覺性之上。也就是說，這種令人感到精準的直覺並不是完全憑空架構的空中樓閣，在它成為一個明確的意識之前，各種前提資訊正在人的腦海中不斷「鋪陳施工」，直到搭建出最後的完整的結論。

女性在情感上總是能表現出卓越的「偵察能力」，而男性的直覺通常在這些方面要稍遜一籌。但是，你仍然可以相信你的直覺，無論你是男是女。躲避一個朝你撲過來的足球，在開車時因為前方突然的光亮而踩下煞車，僅憑雙手掂量就能感受出兩個相似物體孰輕孰重……直覺是人與生俱來的特性，也可以說是一種生物本能。正是由於擁有這樣的本能，人們才能夠在面臨危險時及時逃開。還有另一種直覺，就是更為神奇的、由經驗累積的直覺。

在長期的累積和不斷的練習中，各行各業的人都會在某一天驚喜地發現自己關於某些事的直覺和看法是那麼準確。可能是做證券行業的你會預感到某支股票的跌漲，也可能是你在一次遊戲比賽中事先覺察到對手的進攻方式。就如日本著名的腦科學專家池谷裕二的觀點一樣，人們在不斷的練習中累積了豐富的經驗，並因此提高了某些方面的直覺的精準度。當你在處理某件事情時內心突然有了某種強烈的感覺，請相信你的直覺，大膽地依靠它做出決定。因為世上並不存在任何一個看似突然的決定，不被直覺影響的決定和不假思索的突然決定在理論上都是不成立的。

經驗是直覺的奠基，而直覺是經驗的實踐。

雖然被稱作「直覺」，並且科學界一時之間也很難用合適的理論或實驗來解釋這種現象，但它依然沒有逃脫潛意識的範疇。看似簡單直白、毫無理由的直覺，其實仍然是建立在潛意識重重累積堆砌的地基之上。直覺之所以能夠猶如瞬間照亮漆黑夜空的閃電解決掉困擾人們已久的難題，不過是因為在這之前雷電的形成條件都已經聚齊，在大氣層之上的正負離子已經做好了分離的準備。雖然人們只能夠看到那道耀眼奪目的閃電，但同樣不能忽視使雷電形成的雲團的作用。

潛意識就像是正在遭遇離子分離的雲團一樣，在腦海內的一片漆黑想法中不能被人們感知到，直到直覺猶如閃電瞬間擊穿了頭腦中的天空，想法便破殼而出，人們這才意識到直覺的存在。

第二章　潛意識的「工作原理」

偽造的記憶，你以為的並非你以為的

大多數情況下，除了有意識強化的一小部分記憶之外，人類的大腦是不會對大部分記憶有多麼深刻的印象的。大腦有時為了讓一切變得更加「合理」，甚至會偷偷竄改人類的記憶，也就是改變為使人類大腦更容易接受的模式。

記憶竟然背叛了自己？這實在是讓人非常震驚的事情了。人們總是容易沉浸在過去的事件中，大腦在強化、渲染回憶某件事的情緒時會特地為人們做出某種修改，讓美好的更美好、糟糕的更加糟糕。當人們回想起那些令人尷尬的往事時，就如時下有人常說的：那些甜蜜無比的時刻並不會讓我在半夜笑出聲音，反倒是那些尷尬的經歷會讓我在深夜裡輾轉反側、懊惱不已，恨不得抽自己一個響亮的耳光。更為神奇的是，有時候人們的大腦會在接觸一些資訊之後幫助人們對資訊進行整合和填充，也就是將碎片的資訊黏補起來，在資訊的縫隙之間填補空白。如果人們不能對過去的記憶進行準確的回憶和修正，記憶就會在錯誤的資訊黏補過程中逐漸偏離真相。因此，很多情況下，面對同一事物，不同的人會產生截然不同的記憶。

春天、樹葉、花苞、小鳥、流水、嫩芽、楊柳、玫瑰。

首先，你用三到五秒鐘閱讀上面的幾個片語，並在心中回憶三到四遍；之後，再看接下來的幾個片語：樹葉、青草、泥土。

現在，不去看上面兩段的內容，你是否能正確地從第二組片語選出第一組片語曾經出現過的片語？

大部分人都能正確選出並未出現過的「泥土」，對「樹葉」的記憶應該也沒有太大的問題，但很多人都會對「青草」這個片語在第一組片語中出沒出現過拿不準，甚至有一定比例的人會認為「青草」在第一組片語中出現過。

僅僅是一分鐘之前的記憶，為何就有了一定程度的扭曲？這就是人們的大腦在進行適當的「腦補」，也就是我們之前提到的黏補資訊。在快速閱讀的過程中，人們的大腦為了提高工作效率，很自然地將這些片語歸類彙總，尤其是這些片語可以用一個相同範圍的概念界定的時候。之後，當人們再去接觸「青草」的時候，大腦發現這個片語似乎屬於第一組片語界定的範圍之內，就會將其放入曾經出現過的選項之中。

你可能會認為這個測試太過簡單，記憶的時間及準備不夠充分，正是這樣才導致了一定程度的記憶失真。但是，正是由於其簡單，才更能說明記憶的扭曲和混淆在人們的生活中出現的有多頻繁。那麼，「過目不忘」的人是否真實存在呢？超高速運轉的大腦能否準確「刻印」出曾經經歷過的一切而不被竄改呢？答案是，這種人的確存在，但你可能並不會羨慕這種人，尤其是知道這種人擁有超強記憶力的同時伴隨著怎樣的煩惱。我們在這裡討論的「過目不忘」並不是大家通常認為的那種像錢鍾書、馮諾依曼等人擁有高超精準的學習能力和記憶能力，而是條件更為嚴苛的、能夠完整而準確地回憶起曾經發生過的、親歷的所有事情。

所羅門．舍雷舍夫斯基便擁有超強的記憶能力，他能夠準確無誤地回憶起幾年前發生過的事情的全部細節，例如某場談話時桌椅的擺放位置及當時的天氣情況，更不必說當時談話的全部內容了。同時，他也有著人們無法想像的困擾，對各種感覺的過高敏感也在消磨著他的精力。雖然擁有如此驚人的記憶力，但他卻在辨認人的長相上遇到了很多的麻煩。對他來說，光線和細微的表情變化都會讓一張臉變為很多張不同的臉。用一個聽起來比較不可思議的說法來解釋，就是不同表情的人在他的記憶中就是我們在找不同遊戲中絕對會有不同之處的兩張圖。而且，他會放大不同。以至於對他來說，每一張臉在每一時刻都是截然不同的。他的日常生活遠比人們想像的要麻煩很多。

奇怪，為什麼會有似曾相識的感覺

相信讀過《紅樓夢》的人都不會忘記寶黛相遇的經典片段：黛玉初見了寶玉，心中是一驚；寶玉初見了黛玉，臉上是一笑。兩人都覺得眼前人似乎分外熟悉，竟像是先前曾見過的一般。雖然這只是藝術作品中的片段，但在生活中，人們的確會產生這種「似曾相識的感覺」，並且這種情況還不少見。

在很多情況下，人們都會猝不及防地突然沉浸在一種「我來過這裡」、「我說過這句話」、「我遇見過這個人」等莫名其妙的熟悉感中。而當人們試圖從回憶和他人的記憶中尋求答案時，又往往會得到大相逕庭的結果。那麼，究竟是什麼原因讓人們在面對這些完全陌生的場合或個人的時候突如其來地湧起似曾相識的感覺呢？關於這類現象，在科學領域的研究還未形成一致而有說服力的解釋。但是，我們可以用「既視感」來指代這種似曾相識感的現象。一開始，心理學領域只能透過繼續探討佛洛伊德的記憶曲解理論來延伸對這類現象的合理解釋。隨著科技的逐漸發展，大腦影像分析技術出現，腦科學的發展似乎能夠推動人們在未來更加科學地描述並解釋這類現象的存在。雖然，這類現象更像是人們的記憶中樞在運轉的過程中由於轉速太快導致運轉不良，但這也從側面說明了潛意識在大腦中其實很活躍。

某項大範圍的問卷調查顯示：大概有三分之二的人表示自己曾經歷過「似曾相識」事件。

事實上，人的大腦在不斷「寫入」新的記憶的同時，也在不斷用過去的記憶和現在的情境進行匹配。在不斷的比較中，大腦會將近似的結果同時回饋給人的意識。可能這些結果同此刻的場景並不是完全的一致，但由於某些因素的觸發，還是讓人的大腦「混淆黑白」了。在這個過程中，人們開始錯誤地套用整個情境來為自己服務。這可以說是大腦的一次分類任務的失誤，對人類來說，就產生了強烈的「似曾相識」感。

榮格在早年的一次非洲之旅中就經歷過「似曾相識」的事件。坐在搖晃不定、汩汩冒著黑煙的火車上一眼望去，非洲遼闊、荒涼的平原是與榮格的家鄉截然不同的異域風光……榮格靠在椅子上，目光從天邊逐漸滾落的紅日移到近處正在此地勞作的人們身上。忽然，他的眼中出現了一個黑黑瘦瘦的人正斜著身子倚靠在一根長矛上的場景，一種突如其來的強烈的似曾相識感擊中了他。直到榮格離開非洲之前，他都一直沉浸在那種強烈的似曾相識的感覺之中。

有趣的是，在相關研究中發現：人們在青年時期更容易產生「似曾相識」的感覺，而且大部分健康人都曾產生過這種感覺。人在比較疲憊或者精神比較放鬆的狀態下更容易遭遇「似曾相識」的衝擊。但是，當日常活動變得越發單一的時候，既視感卻不那麼容易發生了。也有人認為這是由於人們在進行一些常規之外的偶發性行為時，大腦會將這種對它來說新奇的體驗與以往的一些間接獲取的記憶進行混淆對比。比如：將你在一次演講或者是某部電影中看到的內容與你現在的情況重疊，當重疊的程度達到一定的比例，你就會意識到這個場景對於你來說是似曾相識的。

既視感總是能帶給人們一種不一樣的衝擊，那是一種無法描述的特殊體驗。既視感帶來的這種令人震撼的情緒無疑會讓人感到莫名的充實，有時甚至會讓人產生「前世今生」的錯覺。雖然既視感可能只是大腦在高速執行中一不小心讓潛意識趁機搗亂產生的一個小小的漏洞，但卻給人們的日常生活增添了許多意想不到的驚喜。

心理暗示

人們很小的時候，甚至是從剛剛能聽懂父母說話開始，便受到了各式各樣的心理暗示。是的，比起更加難以意識到的潛意識層面的心理暗示，人們通常更容易受到語言的直接影響。因此，對孩子的教育，不論是老師還是家長，都要盡力給予正面的心理暗示。諸如「你真笨」、「你太不聰明了」之類的話語破壞力巨大，實在應該被列為家長或老師的十大常用禁語。

越是容易被情緒影響的人，越是要時刻注意對自己進行積極的心理暗示。尤其是在做事情沒有足夠把握的時候，更要樹立自信，給予自己信念上的支撐。人們對某些事物的印象其實會和情緒混合在一起。一旦恐懼、緊張的情緒和人們的經歷連接，就會被糟糕的心理暗示逼迫到無法呼吸。

如果一個人相信星座學說，他就會非常執著地相信自己的性格與對應的星座特質非常契合。其實，這就是一種比較強烈的心理暗示行為，越是相信自己的性格與對應的星座特質非常契合，越是下意識地令自己的行為和表現不斷靠近這種特質。其實，在星座學說上並沒有放之四海而皆準的「行業標準」和得到大家一致認可的業界「大拿」。當有人能夠描繪出一個人們所期望的自己，人們只會選擇自己想要了解的部分，而對其他人的「星座學見解」視而不見。這種自我選擇加重了自我暗示，將自己想成為的人和本來就是這樣的人畫上了等號，但實際情況往往是大相逕庭的。怎麼樣，是不是星座學說這樣講起來一下子就索然無味了許多？這樣想的話，人們確實是在毫無知覺的情況下被整個社會所加諸的各種心理暗示影響著。

很久以前，粉色其實被認為是最適合男性的顏色。十九世紀中期，人們普遍將粉色作為男性嬰兒服飾的主流顏色，而藍色卻是女孩的專有顏色。當時，粉色和藍色所代表的性格色彩更是與現在截然不同。粉色代表的是果斷、強勢的性格特點；而藍色則代表溫柔的性格特點，藍色更適宜女性。但是，當人們現在看見一個男人（即便是正處於青壯年、看起來略微有些「凶神惡煞」的男人）身穿粉紅色衣服的時候，便會覺得他似乎看起來更加溫和，更具有「女性氣息」。這便是一種潛移默化之下形成的心理暗示。

顏色本不能代表任何一種氣質和性格，但人類依舊依據自身的好惡將顏色和性格甚至性別掛鉤。人是非常在意群體性的動物，因此便想出各式各樣的理由來建立圈子、尋找同類。雖然人們在這種群體性的心理暗示面前毫無察覺，但這又確實是無法忽視的現實，每個人都在這種群體暗示中產生著或大或小的改變。

畏難是一種很普遍的心理活動，人們在面對自己掌控範圍之外的事物時都或多或少地會產生畏難心理。人們試圖擺脫這種困局，但在行事之前畏懼就已經給人們造成了不良的心理暗示。「可能做不到」、「可能做不好」、「萬一失敗了該怎麼辦」，恐懼無疑增添了心理暗示的力量。因此，人們在面對一切問題時，首先要做到的就是樹立起信心。如果被自己的心理暗示打倒，難道不是非常可惜的事情嗎？但是，也不必過分神化心理暗示的力量，這個世界做任何事情都不存在「一步登天」的捷徑。能夠給自己積極的心理暗示，值得鼓勵；如果無法做到，也不必氣餒。或許心理暗示能夠產生錦上添花或者落井下石的作用，但決定做事能不能成功的關鍵因素永遠在於自身是否足夠努力，而並非只靠著「我相信」、「我可以」這種僅僅施加在情緒上的力量就可以到達成功的彼岸了。

你在意什麼就會遇到什麼

前文曾提到過關於星座學說的研究，人們總是喜歡了解自己感興趣的「星座特質」，而對其他「星座學專家」提出的相反觀點充耳不聞。在這個基礎上，我們就可以得出一個結論：人們總是對自己在意的觀點投注更多的關注。

人的關注範圍其實是很狹窄的。當你和朋友在一間人滿為患、嘈雜不堪的餐廳用餐時，雖然所有的聲音都能被你的耳朵接收到，但你能夠完整記錄、理解並能夠做出反應的很可能只有你朋友的聲音。當我走到你們的桌邊，想請你複述一下鄰桌的人剛才交談中提到的人名，你很可能不能準確地說出任何一個人的名字。但是，有趣的是：如果鄰桌的人很可能在談話中提到與你的名字很接近的詞，你立刻能夠從其他嘈雜的背景音中提取出這個資訊。如果再擴大範圍，將喊出你名字聲音的人隨意安排在餐廳任何一個角落，你仍然能夠分辨並捕捉到這個聲音。這也正說明了人們接受資訊的範圍之廣，各式各樣的資訊在餐廳裡交錯碰撞，但人們仍能捕捉到自己想要的資訊。因此，人們的大腦其實在任何時刻都接受著自己能夠意識到的部分之外的、數量驚人的各種資訊（氣味、聲音、光線、溫度及視覺資訊等）；同時，大多數資訊被大腦處理成了無意義的碎片，使人們的大腦不至於被洶湧的資訊流擊潰。大腦的這個機制保證了人們能夠在任何情境下都有足夠的注意力去完成自己手頭的工作，而不是隨隨便便就被身邊變化的場景擾亂了思緒。

就像你常注意到某些人似乎正在提到你的名字一樣，很多人都會注意一些自己都沒有意識到的事物。當人們主觀上對某一類事物產生興趣時，就會更容易地從接收到的海量資訊中無意識地甄別並關注。這也就造成了：你越是在意什麼就越會發現什麼。其實，這一切不過都是視網膜效應造成的。

簡而言之，當人們擁有某樣東西或者具備某種特質的時候，就會比其他人更加注意別人是否擁有（具備）和自己一樣的東西（特質）。比如：你新換了一部手機，轉眼就會發現你身邊的人或你平時遇見的很多人都用著和你相同品牌及型號的手機。難道他們都是突然換了新手機嗎？當然不是，但你的確開始更關注別人的手機品牌及型號。更過分的是，你甚至會無意間忽視和你的手機品牌及型號不相同的其他手機。但是，這並不在你自身的控制之下，這是一種近乎無意識的行為。你可能會在不斷發現這種「偶然」之後才能在某些時刻意識到自己正深陷於視網膜效應之中。

精明的商人很早就開始利用視網膜效應來為自己的產品提升注意力了。不知道你平時會不會關注一些關於某個明星或者某個影視作品的行銷事件。例如：在臉書上，你追蹤越多的行銷性質的粉專，你就越容易看到他們轉發的一些行銷文章。「熱門關鍵字」、「爆料」，以及鋪天蓋地的圖文宣傳，都是在利用視網膜效應以期引起大眾的關注。「流量」一詞也印證了一個事實：在行銷行業，高曝光、高宣傳能夠帶來巨大的利益。

即時社交工具使得人們的連繫更加緊密，但也加重了每個人身上的孤離感。而各種行銷媒體則趁虛而入，在每一個弱小的個體面前張牙舞爪，顯示自身的魔力，妄圖透過鋪天蓋地的造勢控制每一個個體。

網路放大了宣傳的影響力，當某一個遊戲的推廣或者某店鋪的推廣足夠多的時候，你就會在某一天點開這個遊戲或者店鋪。看起來似乎是「鬼使神差」，但實際上不過是視網膜效應的又一次成功地發揮了「神通」而已。

人們在面對自己感興趣的事物時，總會格外關注它背後所蘊藏的深意。那麼，在不會太感興趣的情況下，人們是否還會對該事物十分了解呢？答案是：依舊要視這事物在你身邊出現的頻率有多高。比如：即便是從來不看卡通的人，也不會不知道「米老鼠」這個角色形象，就是因為「米老鼠」這個形象和標識在人們的身邊出現的頻率遠遠超出了人們所能意識到的地步。

人們該如何「逃離」這種令人控制不住的「在意」呢？看起來似乎是一個非常難以解答的問題。這是一個「資訊爆炸」的時代，事實上，「資訊爆炸」帶來的影響力遠遠超乎了人們的想像，各式各樣的資訊碎片就像汙染物一樣占據了人們的潛意識，影響著人們的思考和意識的發展。過量的資訊占據了人們想像的空間，致使人們總是做出受到很大影響的選擇。資訊帶給了人們便利，同時也使人們增添了很多不必要的困擾。所以，人們在各種干擾因素影響之下仍然要有獨立思考的能力、要有常識，讓自己的判斷和選擇不被外事外物隨意影響，不要做他人的「傀儡」。

每個人的人生都是潛意識的產物

如前文所說，意識只是漂浮在頭腦這片海洋中的思維冰山所顯露的一角，潛意識則在海平面下緩慢地游移著，並支配著人們思維的最終走向。人們很少能夠對自己的行為和思維做出合理的解釋，並不是因為缺乏理性，而是因為最終影響著人們更深層次的東西一直在頭腦深處，是它們最終促成整個「自我」獨立個體的形成。

佛洛伊德的理論放大了潛意識的作用，並認為人類的言行最終還是受到了非理性力量的控制。他不僅提出了一系列具有開創性質的理論和術語，最重要的是他將心理學帶給了普羅大眾。直至今天，提到心理學，很多人首先想到的仍是佛洛伊德及他經典的精神分析理論。但是，隨著心理學作為一門獨立的學科逐漸被後人發揚光大，佛洛伊德的很多理論都被一點一點地證偽，他的很多理論並不能作為嚴謹的科學研究的支撐。

雖然潛意識並不像佛洛伊德所說的那麼「神通廣大」，但在一定程度上的確影響著人們日常生活的各方面。更具體點，比如之前我們提到的視網膜效應，由於某個產品在人們的生活中處處「曝光」，以至於人們總是會在不經意間陷入商家早已布置好的「圈套」。這時，意識還會不斷為自己「辯解」，不斷告訴你這完全是出自於你自己的意願，雖然事情的真相很可能大相逕庭。

曾經有學者做過關於雙胞胎的性格分析的研究。雙胞胎分享的是完全相同的遺傳基因，他們的生活環境也一樣，雙胞胎具有高度的一致性。所以，最初人們認為雙胞胎的性格應該不會有太大的差異。但是，在常年持續的追蹤觀察之下，發現雙胞胎在性格上出現的差異卻越來越大。原因何在？原來，從雙胞胎小的時候開始，父母就對他們有了不同的期望和要求。比如：總是希望稍大的小孩更加懂事，要發揮「表率」的作用；而對稍小一點的小孩則更加寬容。雖然只是幾秒的差距，父母仍舊按長幼之序對待孩子們。無法平分的愛，以及因此而發生的個性的改變，才是雙胞胎性格差異顯著的真正原因。在這個過程中，雙胞胎並未真正意識到外界對他們個性的塑造施加了怎樣的影響。這種影響在每個人的人生中都存在著。

如前所述，人其實是一種具有高度群體性的「社會性動物」，即便是再孤僻、再離群索居的人仍無法做到完全不在意他人對自己的看法。「他人的看法」是人這一生都必須要承受的壓力，而這種壓力或多或少都會影響到一個人的各方面。

任何國家似乎都有著自己約定俗成的且能夠與其他國家清晰地區分開來的文化背景。比如：中國人似乎普遍都很喜歡熱鬧，日本人比較嚴謹，美國人比較隨性，法國人比較浪漫……且不去評判這些話語的真偽，但至少這些說法是能夠被大多數人接受的。

文化背景其實就是一種集體潛意識的展現。榮格認為人格結構由意識、個人潛意識和集體潛意識組成，而集體潛意識更是其中最重要的因素。他認為集體無意識是一種積澱了人類社會發展過程中所有生活經驗的集合。正是有這種「經驗」的存在，人類社會才能夠順利演化。

一個人的人生，乃至每個階段其實都被潛意識影響著。無論今天中午吃什麼的決定，還是學測申請哪所大學的志願，潛意識一直都在幕後操縱著人們的生活。

潛意識是怎麼左右人們做出重大決策的

人們總是認為自己的決定都是在清醒的狀態下做的。但是，事實上卻不是這樣。在面對各種重大選擇的時候，大部分人都很難準確地說出為什麼會做出這樣或那樣的決策。更加常見的情況是：人們會選擇聽從「內心的聲音」來決定自己的選擇。

有這樣一句話，「沒有無緣無故的愛，也沒有無緣無故的恨」。在不斷認識自我的過程中，不同的人對於愛和恨也有著各自的理解和認知。人們的恨大多都是「有緣故」

的，如傷害、背叛、嫉妒、欺騙等，但很少有人說得出愛的原因和道理。愛是複雜而簡單的情緒，它是人在直覺的愛戀和非直覺的社會性選擇間的綜合抉擇。

潘美麗是個非常惹人喜愛的女性，她既開朗又溫柔。最近，有一個難題困擾著潘美麗。甲和乙是一直追求她的兩個男子，她無法取捨，左右為難。

潘美麗決定三個人一起吃頓飯，大家開誠布公地好好談一談。酒過三巡、菜過五味，甲略微有些醉意，話少了，慢慢沉默下來；而乙的酒量明顯不錯，在席間一直侃侃而談，酒也是一杯接著一杯地喝。飯後，乙更是體貼地攔了一輛計程車送潘美麗回家。

令大家都沒有料到的是：最後，潘美麗選擇的竟然是在酒桌上淺嘗輒止、酒量欠佳的甲。不光是乙，所有人都震驚於潘美麗做出的決定，畢竟她自己也是一個酒量不錯的人。

上面的故事中，潘美麗的確更欣賞長袖善舞的乙。但是，她卻選擇了甲作為戀人。潘美麗並沒有意識到自己的重大決策其實正是潛意識發揮著作用的結果。原來，酒桌上的甲和乙的不同表現讓她回想起了幼年時酒桌上酩酊大醉的父親。雖然她自己沒有意識到，但父親醉酒時對母親的喝斥和狂亂不堪的表現令她感覺非常不舒服。雖然她自己酒量很好，也願意和乙這樣的人打交道。但是，一旦涉及到戀愛、結婚這種大事，她就會「害怕」酒量好的人，這完全是她自己都沒有意識到的。所以，當人們面對能夠影響自己人生的重大決策時，潛意識就會投諸在自己的選擇上。重新回到故事中潘美麗選擇對象的兩難境地中，左右她選擇的關鍵因素毫無疑問就是童年期她自己都沒有意識到的事件——父親的酗酒。

其實，潛意識裡存在著人們的過往與曾經「形成的自己」。與「本來的自己」不同，潛意識將人們所經歷過的一切事件進行收集和整理，將那些情緒和體驗、選擇和心態都糅合進這個「形成的自己」之中，再透過對「本來的自己」進行干預和左右，使得兩個「自己」的形象越來越重合。

如果沒有記憶和情感，人類和機器又有什麼區別呢?從一個呱呱墜地的嬰孩開始，到白髮蒼蒼、闔然辭世結束，人的一生就是在經歷、記憶、遺忘的過程中漸漸形成了一個獨一無二的「我」。而在這個過程中，「形成的自己」漸漸形成，「本來的自己」也與之漸漸互動著融合。因此，可以說潛意識影響了每個人一生中的所有決定，也在這個過程中不斷地塑造著每個人的一生。

眼睜睜看得見的「黑白選」

現實生活中，沒有人會認為自己做的選擇是不理性的。然而，事實上，人們的很多選擇都與「理性」沒有太大的關聯。就像獵人只要在兔子的老路上設定陷阱就可能捉到兔子一樣，每個人也都習慣著在自己固有的軌道中行進著，一遍又一遍，即便明明知道前方就是陷阱，向前的腳步也不會有絲毫遲疑。

生存是如此艱難的一件事，以至於人們的大腦為了能夠提高效率而選擇了一條更加高效、簡潔的道路，那就是重複已經形成並開始執行的既有回饋模式。在面對同樣及同類別的事物時，選擇用一種看似提高了效率但實際上卻因為忽視細節而可能遺漏問題關鍵的「簡潔」方式。在這種情況下，人們的很多決定其實荒唐無比。

人們會盡量選擇感到熟悉或者安心的結果，即便這可能是最壞的決定，人們依然會毫不猶豫選擇自己能夠預見結局的事物。在面對自己無法掌控的事物時，人們會先天性的抗拒和逃避。即便真正合理的想法能夠在頭腦中一閃而過，潛藏在腦海深處的聲音也會提醒人們忽略掉這個唯一的正確答案。

今天是某公司人力資源部總監的應徵面試日，有三個人角逐這個職位。面試者A是從本行業內另一個大公司辭職而來的，很有能力，坊間傳聞的消息是：A在原公司裡和上級產生過嚴重的衝突。面試者B是本公司人力資源部的副總監，工作能力大家有目共睹，但為人比較張揚，原總監在的時候就經常越級向總經理報告部門內的問題。C是公司的對接合作夥伴乙方公司中的一個部門經理，總經理曾經向其表示過本公司的人力資源部總監現在空缺著，C就在最近向公司提交了應徵申請。

面試由公司總經理和執行董事兩個人主持。面試過程中，A、B、C三個人的表現也的確符合大家平素對他們的了解。

面試A的時候，當提到上一份工作時，A的情緒明顯很激動。

再說B，他毫不在意地表達了自己的不滿，包括部門的人事調動及工作上的具體安排等，彷彿這並不是一次面試，而只是一次簡單的部門談話。

C的表現有些乏善可陳，不論是在工作的理念上還是在對整體工作的想法上，總經理和執行董事都沒有從他的話語中看到什麼亮點或新穎的想法。

最終的結果既出乎意料，又好像在情理之中。總經理和執行董事一致認為C是最適合的人力資源部總監人選。

上面的故事中，論能力，C無法同在公司已經工作多年且對每個部門都非常清楚的B相比；論資歷，C無法同從行業內的大公司離職而來的A相比。但是，C成功了。究其原因，不在於C有多麼優秀，而在於A和B的強勢使得總經理和執行董事認為他們在日後工作中難以控制。C的中庸或者說僅僅在這場面試中表現出來的普通，恰恰是A和B缺乏的。即便總經理和執行董事兩人都清楚A和B有多麼優秀，但他們還是隱隱擔心著日後自己的地位會被威脅到。所以，其實早在面試還沒開始之前，他們已經做好了自己的決定。這種「最不利」的「有利選擇」的例子還有很多，人們總是會將自己看作一場辯論當中唯一的那個「理性人」，而最要命的是人們還能夠用這樣或那樣的論據來分析自己的觀點。看似合理的推理機制，幫助人們增強了「黑白選」的信心。

眼睜睜看得見的「黑白選」這種近乎於偏執的想法和行為不是少部分人才會有的，大多數人會更傾向於接受自己想要接受的觀點。至於在面對具體事物的時候，人們也會故伎重演，選擇自己想要接受的且能夠承擔後果的選擇。更有趣的是，即便潛意識中已經察覺到了選擇的錯誤，人們的大腦還是會幫助人們解釋。所以，人們經常會錯誤地分析自己的感受和情緒，以至於做出一些錯誤的選擇。在與愛情有關的研究中，有情緒心理學家曾經以一場實驗向人們展示了「愛情」如何產生的奇妙過程。

實驗中，研究者挑選了一些男大學生作為受試者，要求他們分別在公園門口、公園石橋上以及河岸上一座陡峭危險的吊橋上接受同一位漂亮的、充滿吸引力的女調查員的調查。接受調查並填寫問卷之後，男大學生們根據要求看圖編造一個故事。除此之外，這名女調查員還會留下電話號碼希望他們能做進一步的調查。當然，女調查員這個舉動的重點只是為了能夠給自己一個留下電話號碼的理由。

研究者感興趣的是男大學生們會編造出怎樣的故事，以及事後究竟誰會打電話給女調查員。實驗結果顯示：站在吊橋上接受調查的男大學生最多，在他們編造的故事中也出現了更多關於愛情內容的描寫。

在上面這個實驗中，由於身處危險的境地之中，生理上的緊張和心跳加速使得男大學生在面對女調查員時產生了一種「愛情的錯覺」。生理的喚醒影響了人們對自身情緒的認知，也常常會使人們錯誤地判斷當前局勢。就像實驗中的情境一樣，人們只是為處於危險境地時感到緊張的自己進行了錯誤的歸因。這種吊橋效應也顯示了人們對自身是多麼的缺乏了解。人們一直在為自己的各種問題主觀、自發地尋找著解決的方案，然而，卻忽視了自己的感受是否果真是由此而來。

人們就像那隻重複著老路卻一不小心被陷阱困住的兔子一樣，即便發現了事物的不合理之處，也還是會沿著自己設定的「理性規則」繼續走下去。

第三章　被潛意識「控制」的人生

不幸的人生總有相同的原因

托爾斯泰的《安娜·卡列尼娜》是一部名著，讀後不難發現，造就安娜悲慘命運的主要原因和其他文學作品中不幸的女主角不幸福的原因並沒有本質的區別。她們是無法獲得愛情的蝴蝶，在痛苦地盤旋之後只能迎來命運的寒冬。

很少有人能意識到，造就人們不幸的原因其實都極為簡單。**FBI** 特務帕特·科比與心理分析師羅伯特·瑞瑟勒多年間曾對一百多個連環殺手進行過調查、分析，企圖了解他們如此暴虐殘忍以至殺人成狂的心理動機。令他們感到驚訝的是，幾乎所有的連環殺手的童年都很悲慘，暴虐的父親或母親，長時間缺失關愛，在恐懼與痛打中孤獨又寂寞地成長。再後來，隨著他們調查的深入，他們將「尿床、縱火、虐殺小動物」

評定為連環殺手的三要素。由此，他們認為連環殺手的不幸人生大都是由於不幸福的童年生活造成的。

年幼時沒有得到父母足夠的關注和照料導致他們不合年齡的尿床行為。縱火展現了他們在一定程度上缺乏對外界事物的恐懼心理。對於任何生物而言，火都是很危險的事物，對火有一定程度的畏懼是人的本能之一。連環殺手之所以犯下累累罪行，對懲罰和危險的感受和意識程度其實較常人來說是很低的。

虐殺小動物則說明他們的情感長期受到壓抑，父親或母親對他們的傷害對他們幼小的心靈造成了創傷，他們這種長期積壓的痛苦在虐殺小動物的方式中找到了突破口，從而使這種情感得到宣洩。在幼年期虐殺小動物的體驗也使得他們在之後的生活中一旦再次感受到不能承受的壓力，就會透過尋找並殺害「更大的動物」來作為情緒宣洩的途徑。這幾乎是每個連環殺手的「成長範本」。但是，這個三要素推論並不能反向推導，具備這三大要素的人並不一定就會成為連環殺手。

不知道你有沒有注意到，上面的三要素推論中，童年期的人格發展是一個人形成完整人格的重要前提。

傳統上有一句話非常有哲理：三歲看大，七歲看老。人的個性決定著自己的命運，而人的個性基本在童年期就已經成型。在我看來，年齡或許會成為區分成人和兒童的一項標準，但在個性層面，每個人都是那個「小時候的自己」。這也就是為什麼罪犯的演變經歷是「細漢偷挽匏，大漢偷牽牛」。這種「難移的本性」讓人在踏入泥坑後悔不已，之後的下一次還會再次踏進泥坑。

「人不會兩次踏進同一條河流」，但卻會多次犯下同樣的錯誤。

人們總是認為自己不會被同一塊石頭絆倒，但事實上，每個人都會陷入錯誤的惡性循環之中。小時候容易被老師忽視的總是聽話懂事的「乖孩子」，長大成人後依然是非常容易被人忽視的對象。

對李傑來說，這是一次非常重要的演講，他為此足足準備了一個月。雖然演講稿只有幾千字，而且全部內容都是他自己一個字一個字寫成的。但是，焦慮依然讓他苦不堪言，一個星期前他就開始失眠了。更糟糕的是，每次背誦過演講稿後試圖入睡的時候，他總是會在腦海中回憶起國中時自己上臺朗讀課文卡住最後尷尬下臺的經歷。他也試圖忘記那段尷尬的經歷，但那個片段最近總是會浮現在他的腦海中。

快要輪到李傑上臺了，他覺得後臺有些悶熱，他鬆了鬆領帶，一遍遍地抹去額頭不斷滲出的汗水。李傑的腿竟然有些發軟，他感覺自己似乎又變成了當年那個朗讀課文卡住的困窘男孩。

最終，李傑還是站到了舞臺上，他手心裡緊緊地捏著演講稿。李傑一邊聲情並茂地演講，一邊在心裡默默地鼓勵自己堅持下去。但是，事與願違，他在講一個本該十分熟悉的案例時忘記演講稿的內容了，他緊張得甚至無法想起下一個段落的任何一個詞。李傑似乎聽見自己的內心發出了一陣陣絕望的吶喊聲，他被自己的緊張又一次擊潰了。

李傑感覺自己似乎失去了全部的聽力，他用顫抖的雙手勉強將手中的演講稿放到眼前，用單調而顫抖的聲音勉勉強強地開始了他的「朗誦」。

下臺前，李傑似乎聽到了熟悉的嘲笑聲。只不過，這一次的嘲笑聲不再僅僅存在於他的腦海之中了。

上面的故事中，李傑又一次被命運擊垮了。更重要的是，李傑這一次的失敗完完全全是學生時期那次經歷的「完美」復刻。下臺之後，多年前的那種熟悉的挫敗感更是讓他將那場經歷重溫得那麼徹底。

不幸的人生總有相同的原因，而擺脫不幸的唯一方式就是面對任何曾帶給你挫敗感的事件，一味地逃避只會讓你的人生更不幸。大多數人在遭遇失敗之後都會不自覺地產生迴避心理，但越是迴避，情況就會越惡化。

第二篇

小心，潛意識中布滿了陷阱

第四章　揭露潛意識「邪惡」的一面

拖延：潛意識讓你痴迷於「劣質的滿足感」

當今社會，大多數人高呼自己得了嚴重的「拖延症」，總是將應該完成的瑣事乃至重要的事一拖再拖。在搜尋引擎上隨手敲下「拖延症」三個字，立刻會出現千萬個相關結果。關於搜尋結果的重複率這個話題我們暫且不談，但這個結果還是足以佐證很多人都有「拖延症」的。

究竟在拖延什麼？不同的人有不同的答案，但大部分人都承認：他們選擇拖延的事件都是自認為能夠承擔後果的事件，並相信這一切都在自己控制的範圍之內。也就是說，人們並不是遇見事情就拖延，在真正重大、緊急以及不可迴避的事情上，很少有人會突然「拖延症」發作。

為什麼會拖延呢？很多人自身也是很痛苦的，他們在心底裡也很抗拒拖延症發作的自己。但拖延這種事似乎能讓人上癮，有了第一次之後，第二次、第三次就會接踵而來。會感到焦慮嗎？會覺得困擾嗎？拖延症患者並不想接受這樣的質疑。因為他們自身一直都在持續承受這種痛苦。

拖延，只是為了逃避未來可能產生的任何令人感到痛苦的後果，也可以說是人性中規避風險這一本能「登峰造極」的實際應用。在逃避的過程中，人們也轉而去尋找令人感到愉悅的東西，這種壓力狀態下的調劑就會漸漸讓人上癮，從而能獲得即時滿足感。然而，這種即時滿足感最終會驅使人們浪費更多的時間，支配人們理智的大腦沉迷於即時的快樂而不是被任何一項早已提上日程的事情填滿。

為什麼會拖延呢？不同的「患者」會給出不同的答案，拖延症程度不同的人的心境也不一樣。

輕度拖延症「患者」總是會提及他們的焦慮。這類族群通常都是在面臨一些重大事件時產生焦慮，比如畢業論文、首次主持的專案等。這些事情的重要性帶給他們非常大的壓力，所以，他們的拖延症爆發了，就像是一種應激狀態下的自我調整一樣，他們開始試圖用各式各樣的小事來迴避自己必須要面對的重要問題。

中度拖延症「患者」會在一定類型的事件上表現出拖延的傾向。通常情況下，他們對事情的後果有著即便是最壞的結果也能接受的心理準備，他們已經不怎麼表現出自己的焦慮了；相反，他們甚至有時會喊出「放棄治療」之類的話來麻痺自己或者是他人。

重度拖延症「患者」則到了一切皆可拖延的「境界」。在他們的世界裡，拖延已經是同呼吸一樣自然的存在了。對他們來說，一切事情都可以拖延，而且在拖延的過程中身心輕鬆、毫無愧疚感，簡直可以說是「拖延大師」。

心理學家莫蒂默·朱克曼將患拖延症的人歸類為「尋求刺激的人」。也就是說，他們只是為了尋求刺激感，對外宣稱有壓力才會有動力，因此在做事的時候總是拖延，總是難以完成他們預定計畫之下的目標。高壓下做事的他們的確是感受到了一定的刺激感，但事情的真相是：他們不過是在對自己所犯的錯誤進行彌補，而不是他們所想像的「成功」。透支精力、高速完成的任務並不意味著高效率。拖延症之所以能夠從輕度發展到中度甚至是重度的程度，這種「劣質的滿足感」無疑發揮了非常大的作用。一次臨時抱佛腳的驚險成功會讓人產生一種錯覺，下一次的臨時趕工也能夠再次發揮同樣的作用。這種期待感加上拖延過程中的焦慮感給了他們下一次繼續拖延的藉口和勇氣。他們是否能每次都完成這驚險的一躍，從而將事情處理得盡善盡美呢？答案當然是否定的。在截止期限到來之前的緊張工作，通常是在雜亂無章及一團亂麻的情形下完成的，效率低下也是顯而易見的。

在《萬惡的拖延症》(*Still Procrastinating*) 一書中，心理學教授約瑟夫・費拉里描述了這樣一個案例。倫敦的某著名報社，經常會在週一要求記者們準備選題，然後在週二舉行會議挑選選題。然而，選題會議的時間總是會大大超出人們的計畫。選題會議會從週二開到週五，三天的會議才能決定出週日會採用誰的選題。對於記者們來說，只有週六短短一天的時間完成他們的選題，文章的品質自然會大打折扣。戰線越長，己方兵力的消耗就會越大，這種無意義的浪費也在消耗著人們自身的能量。在拖延的過程中，人們不會有真正意義上的輕鬆感覺；正相反，這種「偷來的閒暇」只會不斷消磨人們的意志，阻礙人們進步的腳步。

人們應該如何逃脫拖延症的魔爪呢？第一步就是馬上行動，如果你在準備做家務的早上躺在沙發上玩手機，家務是永遠不會完成的。你首先需要做的事就是「踢開」所有的想法，將一切都落實到行動當中去。

如果你面對著諸如畢業論文之類的結果總是令人無法預估的事情，那就需要採取第二步了，制定分解計畫。事實上，有相當一部分人拖延症發作的導火線都是這種容易令人焦慮的事件，後果的重要性和不確定性放大了人們的恐懼，也因此使人們產生了抗拒心理。如果將一個重要事件分解成若干個完成步驟並制定分解計畫，讓自己更注重過程而非結果，就可以大大減弱焦慮這種情緒。小石子總是比大石塊更容易移動。

焦慮：你為什麼杞人憂天

焦慮作為壓力的附屬品，幾乎如影隨形。哪裡有壓力出現，哪裡就會有焦慮出現。社會競爭壓力巨大，每個人幾乎從人生剛一開始就承受著各式各樣的壓力。從小時候開始，就被「隔壁家的孩子」這種同輩壓力侵損著心靈；等長大了之後，升學、就業、房產、婚姻，又是新一輪讓人無法逃避的壓力。

過度的焦慮蠶食著人們的生命力，也使人們越來越敏感。「可能性」這個詞不再充滿夢想的氣息，反而充斥著令人擔憂的焦慮。人們開始格外恐懼未來會發生的又超出自己期望之外的事件。強大的思考能力本來應該是人類的一項最具有優勢的生物本能，但每晚入睡前都沉浸在心神難安的狀態中顯然是令人無法言說的痛苦。這種對未來的焦慮無疑是痛苦且多餘的，因為人們並不擁有提前掌控未來的能力。未來會如何發展，人們無法預測。而且，有些人的焦慮已經更新了，比如杞人憂天故事裡的那個人，在日常事物上過度焦慮，以至於沉浸在焦慮中惶惶不可終日。

其實，你在焦慮未來時度過的每一分鐘都是對生命的嚴重浪費。過度焦慮會影響你做決定。假如你接到了一份面試邀請，但你總是擔心自己在面試時會有不好的表現，心神不寧之下的你或許做不好準備。第二天的面試，你甚至會因記錯時間而遲到。

事實上，人們對於未來的焦慮大部分都並不會成真，但在這份焦慮上耗費的精力卻是真實存在的，這種錯誤的焦慮只會增添人們心靈的負累。這一點，即將畢業的大學生感受頗深，在人生選擇的十字路口上面對學業、工作和感情，他們會感覺未來是難以確定的，這種迷茫感加劇了他們對未來的恐懼。有些人選擇了逃避，每天都困在畢業論文上卻毫無進展；有些人選擇待在家裡來逃避這種痛苦。然而，無限的恐懼和擔憂並不能消除焦慮。痛苦對解決事情不會有任何的幫助，只有採取具體的行動才能將焦慮消除。

有效消除焦慮的方法之一就是人們能夠對自己以及自己所處的環境有一個正確的認知。對自己的錯誤預估以及對自身所處環境的認知不明都是產生焦慮的重要原因。

珊珊一直是資優生，每次考試都能取得好成績，她是同學和老師們一致認可的「種子選手」。

高三學測，全校考生被安排在市內的另一所高中考試。當考試的預備鈴打響的時候，珊珊感到一陣暈眩，一陣從未感受過的緊張感向她襲來，她甚至焦慮到無法流暢閱讀試卷。

勉強堅持著考完第一科之後，珊珊的精神已經緊張到了崩潰的程度，強烈的頭痛讓她不得不向老師求助，要求退場。當她走出考場的時候，整個人都輕鬆了許多。但是，珊珊的臉色更加蒼白了，因為她意識到：這完全是自己心理過於緊張造成的後果……

上文故事中的珊珊因為進入一個陌生環境而造成心理壓力過大的情形，相信絕大多數人都體驗過。如果人們能夠對陌生或者熟悉的環境有正確的認知，就能盡可能擺脫這種焦慮。

還有更多人的焦慮來自錯誤認知。人們總是會被一些無法實現的目標困擾，甚至為此焦慮和痛苦。比如：有些人認為應該獲得周圍所有人尤其是對自己來說很重要的人的欣賞，但這基本是無法實現的，沒有人會被周圍所有的人欣賞。即便有人討厭你，這也是正常的。這種太過在意別人視線的想法，無疑是給自身強加的枷鎖。

轉變不合理的認知，對自己和他人更加寬容，擺脫極端的思維，更加理性地看待事物，接納不可以、不行，或許可以減少纏繞在自己身上的諸多焦慮。

恐懼：你為什麼無理由的害怕

很多情形下，人們或許會對某一事物產生沒有理由的恐懼。陌生和差異帶給人們的感覺是危險的，而人們會對危險產生本能的排斥和迴避，恐懼是身體給人們的警報。比如：有人對蜘蛛恐懼，某個平時看起來大膽活潑、在男人中也算是威猛的人，可能一遇到蜘蛛立刻就嚇得四肢無力、臉上血色全無。究竟是什麼造成了他這麼大的恐懼呢？如果對他的童年有更深入地了解，你就會知道：很小的時候，他有一次意外地抓到了一隻很大的蜘蛛，兒童的好奇心很重，他將蜘蛛放在了自己的手臂上。當他奶奶發現了蜘蛛的存在之後，便告訴他蜘蛛都是有劇毒的。他擔心自己會死去，以至於哭了整整一個晚上……雖然這件童年往事他已經記不清了，但在他的潛意識裡，蜘蛛就是世界上最危險的動物。

關於人在嬰兒期的恐懼情結，我們不能不提到近乎瘋狂的小阿爾伯特實驗。嬰兒期的阿爾伯特被華生安排與小白鼠待在一起。開始的時候，阿爾伯特對小白鼠沒有任何恐懼，他甚至還試圖撫摸小白鼠。後來，每當阿爾伯特試圖接觸小白鼠時，華生都會透過敲擊一根鐵棒的形式來驚嚇阿爾伯特，試圖讓他產生恐懼的心理。最後，華生的試驗成功了，阿爾伯特只要見到小白鼠就會驚嚇得哭鬧個不停。在後來的實驗中，甚至發展到看見有皮毛的動物和白乎乎的毛，阿爾伯特就會產生恐懼。這個試驗說明了恐懼有很大一部分原因是後天養成的。人們在童年期便從父母身上得到了關於某些事物很可怕的資訊，但由於這個過程是潛移默化的，人們很難意識到或者回憶起面對某一類事物最開始產生恐懼是在什麼時候。所以，人們會發現：自己會對很多事物產生「沒來由」的恐懼。

至此，我們基本上可以得出這樣一個結論：看似毫無理由的恐懼，其根本原因都是人們潛意識裡早已埋下的伏筆。

人類有多種多樣的恐懼症，如深海恐懼、幽閉恐懼、巨物恐懼、黑暗恐懼等。當我們從深層次探討這些恐懼時，基本上都能將這些恐懼歸類為一種對死亡的恐懼。

恐懼的情緒其實並不是人類特有的，動物在遭遇對牠們來說是可怕的事物時會和人類有同樣的反應。然而，在恐懼的種類上，人類卻超越了動物的恐懼正規化，產生了一種人類所特有的恐懼類型。從半夜因為哭鬧，父母在床邊講起吃人的大灰狼開始；到現在由於機械和人工智慧的不斷發展，一些人由於憂慮人類在未來將如何和人工智慧共存所探勘並創作的一系列影視作品和文學作品，人類的恐懼已經從最開始的面對危險時的情緒反應更新到現在更為廣闊的面對未來和未知的事物所產生的恐懼。如果現在有人說他對外星生物有恐懼症，或許我們並不會對此有什麼異議。雖然外星生物的存在與否在科學上仍然是一個未解的謎題，但如今人類已經憑藉自身的想像創造出了成百上千種形態各異、能力不明的外星生物的形象。無一例外，這些外星生物的存在都給人類帶來了災難。人們對這種事物的恐懼正變得越來越具象化，有外星生物恐懼症聽起來似乎也並不是一種難以理解的恐懼類型。

越是看似無理由的恐懼，其根源越是有其深層次的含義，遠古祖先已經將這種根源「寫」進了人們的潛意識之中。害怕火焰、黑暗、野獸的獠牙，正意味著這些東西曾經嚴重威脅著人們的生命。火焰可能吞噬過族人，而在黑夜中離開洞穴去狩獵的人可能再也沒有回來……人類繼承了這些恐懼的記憶，也因此成了倖存者。所以，也可以這樣說，所有人都是倖存者的後代。如果沒有這些恐懼，如果這些恐懼的記憶沒有「寫」進人的本能中，人類可能早就成為一朵凋謝的曇花，在地球上匆匆退場了。

第五章　失控的「無意識」世界

盲點：你會經常處於「無意識」狀態

人類除了在生理範圍內擁有同其他動物一樣的視覺盲點之外，在心理層面還包含著意識層面的盲點。正如我們之前提到的，人的潛意識是海平面下的冰山，它並不能及時被人們自身意識到。因此，人們面對自己意識層面的盲點時，自身是完全察覺不到的。人們自認為理性的思維方式，也不過是由於人們選擇關上認為一切事物都有更多可能性的大門，簡化了人生中面對眾多的事物時需要做的各種選擇和考量。

除去數學上得到數論嚴謹證明的「1＋1＝2」以外，在生活中的其他方面，我們可以找出許多不同的「1＋1≠2」。兩個人組成家庭之後可能等於兩個人、三個人、四個人……一隻老鼠加一隻貓最後可能等於只有一隻貓。一株雄株銀杏加上一株雌株銀杏最後可能等於無數的銀杏樹苗。生活中存在著各種可能性，但人們在不知不覺中漸漸習慣了只去考慮簡單的、被普遍印證的可能性。更可怕的是，很多人甚至沒有意識到自己正用著單一、短淺的眼光來看待事物和他人。在自以為是的想法中，生出的是淺薄眼光。

曾經在網路上流傳著這樣一個迷因，各行各業的人們描述自己公司深藏不露的保潔阿姨的神通廣大時，大家紛紛表示「身邊永遠都有保潔阿姨」。雖然只是一個網路笑話，但這揭示出：人們普遍認為「保潔阿姨」就等同於無知識、無見識、只知道掃地的普通服務人員。雖然迷因的含義看似在糾正人們的這一思維盲點，但在相當程度上也正反映了普通人的觀念裡都對「保潔阿姨」這一職業族群印象的刻板化。這種思維中的盲點令人們變得狹隘，也使隱性的偏見更加深入內心，這種隱性偏見常表現在對某一類事物和人群的刻板印象當中去。更可怕的是，不會有多少人意識到自己的看法是多麼狹隘。這種隱形偏見還存在於日常生活中，有時候甚至都不是隱形的。

偏見無疑是扼殺了人們生活中存在的諸多可能性。

小時候，老師或家長經常會問同學們的理想是什麼——做什麼工作，有同學會說長大以後想當老師，有同學會說長大以後想當科學家，有同學會說長大以後想當醫生，有同學會說長大以後想當警察，有同學會說長大以後想當公務員……然而，如果有同學說長大以後想當清潔工，老師或家長多半會告訴他清潔工不是一個很好的職業，希望他換一個理想。人們就是這樣逐漸地被帶上了偏見之路，人們在最開始都有著一顆純真的赤子之心。小時候，對孩子們來說，清潔工和老師、科學家、醫生、警察、公務員等職業並沒有本質上的高低或好壞之分。但是，孩子們卻被老師或家長教導著辨別工作的優劣或好壞，被教導著去認識這個世界上各式各樣的「好」與「壞」。如此，孩子們未來無限大的可能性就這樣被扼殺了。

不要讓任何事情都變成自己眼中的「理所當然」，唯有時刻保持著客觀、冷靜、獨立的思考能力，才能在消除偏見的過程中重新認識他人，重新認識整個世界。

墨菲定律真的很「神奇」

上班路上遇見了紅燈，你心裡會想：下一個路口總不會還是紅燈吧。然而，事情的發展有時候並不會讓你如願以償。下一個路口、再下一個路口，你可能又遇見了紅燈。在餐廳排隊等著點餐，你所在的隊伍看起來要比另一列隊伍更長，你想：那我過去另一邊就會更快一點吧。當你換了位置之後，你又會發現自己原來隊伍的點餐速度快了很多……人們在生活中總是會遇見這樣糟糕的事情。心理學上有一個著名的「墨菲定律」就是用來描述這種經常遇見卻令人無奈的情形。墨菲定律是這樣描述的：如果事情有變壞的可能性，不論可能性有多小，它都會發生。這似乎能解釋人們為什麼總是「厄運連連」，不好的事接連發生，而人們則深陷「厄運」的泥沼之中不能自拔。

曠課卻遇上老師點名；特意跳過某個章節沒有好好複習，卻在期末考試試卷上與其不期而遇……人們總是在重複著墨菲定律精闢的悲劇結論。其實，墨菲定律不外乎是在描述一些極有可能發生的低機率事件。比如說，今天會不會下雨，雖然剛剛還是豔陽高照，有較大的機率讓人們可以相信今天不會下雨。然而，一旦下雨，這個低機率的事件就變成了百分之百發生的事件，這就加深了人們對此的印象。

墨菲定律的主要內容還有以下四點：

◆**任何事物都沒有表面看起來那麼簡單**

也就是說，當人們認為某件事是一件可以輕鬆解決的小事的時候，通常會花費自己預估之外的時間和精力來處理它。在人們並未完全深入了解並掌控某一事物的時候，人們總是傾向於認為它是簡單的、在自己的能力掌控範圍之內的。

◆**做任何一件事情都會比自己預計的時間長**

人類發明了無數的事物來計算並試圖掌控自己的時間。但是，不論你如何制定完美的計畫，一定會在某些環節失去控制，從而耗費你預計之外的時間。也可以這樣說，人們並沒有操控時間的能力，與其說人們充分利用並控制著自己的時間，倒不如說人們只是被時間「玩弄」在股掌之中而已，總是要預留出更多的時間才能確保計畫不被打亂。

◆**會出錯的事情總會出錯**

如果對某件事情沒有足夠的信心，人們總是會產生事情會出錯的擔憂，並且這種擔憂經常會成為現實。在某件事情發生之前，如果產生了會出錯這種不必要的擔憂，那麼，這件事情最後難免會出現設想中的失誤。而且，人們通常會強化這種失敗的事件極其過程。例如：之前有九十九次某種考試都順利通過的你，可能只會記得失敗的那第一百次的經歷，並成為你腦海中無法抹去的記憶。

◆越不想遇到越會遇到

如果你擔心某種情況發生，那麼它就更有可能發生，最糟糕的情況總是會如期而至。如果擔心今天可能會下雨卻沒有帶雨傘，路上的你就一定會迎接一場既在意料之內又在期盼之外的大雨。如果今天上學恰好沒有帶作業，擔心老師是否會要求交作業，別意外，老師要求交作業這種情況一定會成為現實。

那麼，上述的種種情況是否果真如此呢？究竟是墨菲定律在發揮作用，還是僅僅只是人們無法躲避的機率事件？

其實，在墨菲定律沒有提到的部分裡，人們在對事情進行比較的過程中已經失去了理性的砝碼，人們試圖用自己平時並不會關注和放大的資訊和自己正在遭遇的事件進行橫向比較。結果可想而知。人們在一開始就已經將事情擺在了並不平衡的天平兩端，無怪乎人們會得出事情正越來越糟的觀點。

墨菲定律的存在簡直就像是人們在心裡為自己悄悄埋下的一個靈驗的詛咒。人們越是想迴避可怕的、糟糕的結果，它越是會不留情面地應驗。而且，人們都會在心裡強化這種「悲慘結局」的體驗。從此以後，似乎一旦心裡有些徬徨和無助，就都會想起墨菲定律以及它指向的結局——失敗。即便如此，人們仍要拿捏住墨菲定律這柄利刃，利用它，而不是被它不斷地刺痛傷口。墨菲定律不外乎在告訴人們：一切事物都會有出錯的時候，做任何事情都會有一定的風險存在。錯誤伴隨著任何事物發展的過程中，就連人類現今的演化結果也是在幾百萬年間不斷經受自然界的考驗並不斷地失敗再繼續演化所致。就連電燈泡的一根燈絲都要經過愛迪生成千上萬次的試錯才能選擇成功，這足以證明人們處理任何事情時都無法迴避錯誤。人們只有在不斷可能失誤的事情上逐漸接受這一切並不斷修正可能發生的錯誤，才能規避掉之後出現類似的新的錯誤。

接納墨菲定律以及它可能帶來的影響，在自己的能力範圍以內勇敢接受出現的失誤，並積極地應對它，勇敢地承擔責任，才是人們應該做的。除此之外，人們還可以逆向應用墨菲定律，遇事盡量往好的那一方面去想，給自己一些積極的心理暗示，比如相信自己能做成某事，用積極的行為和逆向的墨菲定律來增強自己一定能夠做成某事的信心。

你為什麼會有強迫症

你是不是有時候幾分鐘之內連續洗好幾次手，然而，心裡還是覺得沒有洗乾淨？你是不是每次出門都要反覆檢查門鎖鎖好了沒有，有的時候都下了幾層樓，還要返回去看看？你是不是一定要把所有的東西都按順序排列好，否則心裡就會特別難受？

如果你的行為符合上面所描述的情形或類似的情形，那麼你肯定對強迫症這個名詞並不陌生。患有強迫症的人常常被一些毫無意義甚至違背自己意願的想法控制，從而感到莫大的焦慮。那麼，人為什麼會有強迫症呢？其實，這也是人的潛意識在作怪。如果我們仔細觀察就會發現，很多有強迫症的人都是完美主義者，他們對自己和別人的要求都很高。正是由於過分地追求完美，進而養成了病態的內心情結，當這種情結不斷地累計、加固也就形成了強迫症。

從心理學的角度講，強迫症的主要臨床表現有兩種：一種是強迫思維，另一種是強迫行為。

強迫思維的形式多種多樣：

- 懷疑強迫，像出門後會不停地思考自己有沒有關緊門窗，炒菜時會懷疑自己是否放過鹽等等。
- 潔癖強迫，有這類強迫症的人總會覺得自己的手上或身體上有細菌，不乾淨。
- 殺害性強迫，就是站到露天陽臺上會莫名其妙地產生跳下去的衝動；或者看到有人在火車站等車，會抑制不住地想一腳把對方踹下站臺去。
- 規律強迫，擺放東西的時候一定要左右對稱；書架上的書要按照開頭首字母順序排列，或者按書的形狀大小排列；上樓梯時一定要左腳踩一個臺階右腳踩一個臺階有規律地走，同時，腳還不能碰到瓷磚線等等。

強迫行為與強迫思維是息息相關的，但有一點需要我們注意：就是擁有強迫症的人的強迫行為並不是為了滿足自身的快感，而是擺脫或者減輕強迫思維帶來的焦慮、恐慌等情緒。對於這一點，需要我們運用心理學的操作性條件反射理論來理解。

我們都知道操作性條件反射的原理是無意間的行為使內心產生愉悅感，然後，這種愉悅感又會促使人們重複之前的行為。

很多強迫症患者在倍感焦慮、飽受強迫思維折磨的時候，無意間做了某個動作，突然發現內心並不是那麼痛苦了，便一而再、再而三地重複那個動作，形成了強迫行為。比如：如果你一直懷疑自己是否關好了門窗而不去檢查的話，你內心就會認為今天晚上你下班回家時家裡已經被洗劫一空了，或者不法之徒躲在你的家裡。這種情況下，唯有回家檢查一遍門窗是否關好才能驅除恐懼。潔癖強迫的人會把不洗手、觸摸到公共場合的東西等事情想成自己日後生病、死亡的原因，為了不讓自己患傳染病、身體被病菌侵蝕的事情發生，只好一遍又一遍地洗手。

當然，也不是有任意一種強迫思維的人都會有強迫行為。就以上文提到過的殺害性強迫思維為例，有些患者內心會有很強烈的自殺想法，但因為理智上的抑制，很少有人會任憑這種想法為所欲為。

該如何治療強迫症呢？這裡就不得不提一個神奇的全新治療方法——森田療法。

森田療法的基本治療原則是「順其自然」。所謂順其自然，並不是指讓強迫症為所欲為地干擾自己的生活。它要求人們把煩惱、猶豫等當作是人的一種自然的情感去接受、認可，而不是一味地排斥。否則，這種「求之不得」的心理就會變成思想矛盾，像強迫症患者那樣，因為糾結如何擺脫強迫症而越陷越深，導致正常的生活全被攪亂。所以，正確的做法是學會帶著症狀去生活。舉個例子，如果明天有一場重要的升學考試，但你現在什麼都沒有複習。這時，你的內心一定很煩躁、焦慮，這些都是正常的心理反應。如果你一直在糾結：「明天要考試了，我還什麼都沒有複習，怎麼辦、怎麼辦？」這不僅僅是在浪費你的時間，沒有任何實質性幫助，還會使你越來越緊張。相反，如果你選擇不去理會這種意識，任由它蔓延，它可能很快就消失了。

其實，每個人都會有一點強迫症，不過是沒有上文中描述的那麼嚴重而已。很多人在摸過錢之後會覺得很髒而想去洗手，以及出門後反覆思考是否鎖好了門的問題。然而，這些與強迫症人群的區別在於：大多數人不會加固這種情緒，會該做什麼就做什麼。這樣一來，幾個小時甚至幾分鐘之後，這些情緒自己就銷聲匿跡了，潛意識裡也就沒有了強迫症生存的土壤了。

錯覺：你沒有想像中那麼失敗

經常會有人感嘆：為什麼自己辛辛苦苦、認認真真地努力工作，卻還是比不上自己當年高中輟學就「下海」經商、現在已經成為行業「大拿」的同學？從付出程度上看，你似乎付出了更多，但為什麼在結果上卻總是不盡如人意？你是不是覺得自己的一生總是在與各種類型的人比較的過程中節節敗退，是否覺得每一天的生活都充滿著壓力和無奈？這種比較中的痛苦究竟是人生的偶然，還是人生的必然？上面這幾個問題，我們暫且別理會，先看看下面這個案例：

二戰期間，英軍中一位統計學家在針對受損的戰鬥機進行分析時發現，大部分戰鬥機出現的問題都集中在機翼上。因此，該統計學家向上級提出建議，認為應該著重加強對戰鬥機機翼的加固與維護。但是，這個統計學家忽視了一個極為重要的問題。他之所以得出上述的結論，是因為機身腹部受到損傷的戰鬥機基本上都已經失事且無法返航，這是一個致命的忽略。也正因為如此，倖存者偏差理論被提出。當人們僅僅從倖存者（倖存戰鬥機）身上獲取資訊的時候，資訊很可能會與實際的情況不符。

倖存者偏差理論這個統計學上的經典理論正在人們生活中的各個方面產生影響。而且，它通常會讓人在比較的過程中更加痛苦。比如我們在上文中提到的「成為成功人士的不愛讀書的同學」，其實，除了他之外，你應該還有更多的當年功課不好的同學。認真想想，你似乎不知道他們的工作及生活境況。那麼，同樣是「不愛讀書的同學」，他們是否也同樣開啟了成功人生？答案也許是否定的，沒有繼續接受教育的他們，大部分人可能仍在並不安定也並不能令人滿意的工作中掙扎著。

人們總是會把目光投向成功者、勝利者的身上，也正因為人們的關注，才突顯了他們身上的標籤和符號。但是，我們要了解到，一個人的標籤並不能代表這個標籤下的所有人。這種倖存者偏差會讓人們錯誤地估量他人的幸福感，同時也增加了自己的不幸福感和痛苦感。

如今，遊戲直播產業很火爆，阿亮也想進入遊戲直播行業，成為像李相赫那樣名利兼收的電競選手。遊戲主播在他的印象裡是一個很不錯的職業，既獲得了粉絲的關注，又能夠玩自己喜歡的遊戲。但是，現實要比他想像的殘酷。在和某個平臺簽約做遊戲主播的時候，他發現：這個行業裡藏龍臥虎，而且很多人的突然走紅都是無法預料的，觀眾、平臺、推手三大要素缺一不可。成為散戶類型的職業主播3個月後，阿亮的穩定粉絲依然只有四五千人。

痛定思痛，在能夠及時止損的前提下，阿亮最終決定退出這個行業。直到他真的徹底放下了，他才意識到當時的自己是多麼的幼稚可笑。

通常，人們都會有這樣的認知，銷售人員是一個公司中收入最高的。很多公司在應徵時都會勸說求職者進入公司的業務職位，並且動輒以高收入、高報酬來誘惑求職者選擇業務職位。然而，業務的世界是十分殘酷的，能夠達到求職者口中的那種高薪的程度需要的也不僅僅是努力和時間。此外，業務的職位流動性也是相當高的，很多人都會被高強度的工作壓力及工作難度擊垮。人們之所以會認為做業務很有前景，最主要的原因是人們並不了解內幕，接收到的完全是倖存者偏差帶來的印象。在人們的印象中，業務人員大多是月入十萬元以上的人士，開好車、買好房，整日西裝革履、儀表堂堂的樣子，但這只是一小部分在業務海洋中奮鬥後能夠揚帆起航的人，還有更大一部分業務人員早在航程剛一開始就陷落在起點不遠處迷失了航向。

人們並非沒有考慮到邏輯上的漏洞，但當一個個倖存者現身說法時，在這個普通人居多的社會裡一次又一次地印證著某些「真理」時，人們很難不被影響到。

人們總是會格外留意那些「奇蹟創造者」，留意那些能夠跳出普通行列中的「優秀者」。雖然他們有的能給予人激勵，有的能給予人警醒，但在大多數情況下，他們的「奇蹟」或「成功」都是無法模仿的低機率事件。就像買樂透的人永遠不會少，但真正能夠中一等獎的只會是少數的那麼幾個人。

當你把目光遠遠地投向那些令人稱羡的「倖存者」身上時，不要忘記正視自身的處境，切忌妄自菲薄。你並沒有自己想像中的那麼失敗，也不要總是將自己的想法投射在僅僅向你展示「成功」那一面的「倖存者」身上。否則，過度想像別人的「幸福」只會加重自己的不幸福感覺。

讓你陷入麻痺的思維惰性

什麼是思維惰性呢？獲得諾貝爾經濟學獎的丹尼爾．康納曼教授曾經給出了一個非常貼切的答案。

康納曼教授認為，人的思維有快慢之分。大多數人擁有快的思維，這種快的思維往往只透過直覺等潛意識產生。然而，正因為它非常快，所以就容易出錯。相反，一些人擁有慢的思維，這些思維往往來自於意識，雖然慢卻縝密，不易被擊垮和攻破。

康納曼教授進一步解釋說，當人面對比較複雜的現實時，人們潛意識裡會產生抗拒分析、思考的情緒，轉而尋找快速的解決方式，潛意識會在第一時間給人們一個淺顯的結論，而這個結論通常是錯誤的。只看表面現象、只憑第一感覺便下結論的人通常被認為是「任性、無知、目光短淺」的。實際上，他們並不笨，只是太依賴潛意識而已。

一位顧問為某公司的新產品做市場分析，了解了一些基本數據之後，開始了調查研究分析。

這位顧問最先進行的是使用者分類，他先將目標客群分為四大類，然後依次為來自不同階層的四大類客群側寫注釋。之後，還安排了一些市場活動進行深入研究。結果，他發現該公司的新產品在這四大類客群那裡並沒有得到積極的回饋。針對這個結果，他思考起了新產品自身的問題，如包裝、推廣手段、定位等。

實際上，問題並不是出自產品本身，而在於顧問自己。因為，這位顧問一開始對於使用者的劃分與側寫就是有問題的。問題在於，他對該產品的目標族群並沒有完全了解，之後的劃分與側寫也只是依靠自己的經驗和直覺進行的，其間肯定有一些不妥當的地方，這些問題使得他並沒有收到正確的使用者回饋數據。

上面故事裡的顧問之所以會犯下錯誤，原因就在於他陷入了嚴重的思維惰性陷阱之中。很可能他之前的幾次調查研究就是這樣做的，而且也成功了；這一次調查研究時，他的潛意識就自然而然地指導他如此操作了。在潛意識的指導下，他一開始就繞過了最重要的使用者調查研究，而只是習慣性地對使用者進行分類，並讓思維朝著自己認定的方向展開……如果他肯下功夫好好想一想自己的思路，也許還能「及時止損」，不至於在錯誤的方向中越走越遠。

很多時候，潛意識都會讓人們陷入嚴重的思維惰性陷阱當中。思維惰性導致的後果是：不管發生了什麼問題，人們只會用一種思維方式來解決問題，絲毫不管這種思維方式是否適合當下的情況。

醫生不可能用一種藥物治療所有病症，我們當然也不可能用一種思維方式來思考並解決所有問題。思維惰性對於人們的影響非常大，一不留神就會中招。而且，更關鍵的是，思維惰性不受智商的影響，有的時候你覺得自己很聰明、很明智，但這並不妨礙你陷入到思維惰性陷阱當中。

康納曼教授在思維惰性方面做了諸多的研究，比如他在全美各地的小學開展了一次數學運算的測驗。

在一個拍賣網站上，一支網球拍和一個網球加起來的價格是二點二美元，網球拍比網球要貴兩美元，那麼，一個網球是多少錢？這個問題毫無疑問非常簡單，很多學生看到這個問題後立即就寫下了答案：二十美分。但是，正確答案是什麼呢？如果網球需要花費二十美分的話，加上網球拍則需要花二點四美元。所以，正確的答案是十美分。

上面這道算術題很難嗎？當然不是，實際上它非常簡單，只是它比一般的題目多了一重迷惑性。如果所有人都憑藉直覺去解題，就只能獲得錯誤的答案。相反，如果能在寫下答案之前多動動腦子、多思考思考，就能順利繞過陷阱找到正確的答案。

人們在學習或者工作中經常會遇見一些顯而易見的小陷阱，想要發現它們其實一點都不難，但奇怪的是：人們經常被這些小陷阱困擾。原因就在於：如果人們將自己的思維完全地交付給潛意識，就會得到一個直覺的答案，而這個答案往往就是錯誤的。

康納曼教授為了證明思維惰性與智商毫無關係，接連在哈佛大學等頂尖學府都做過一樣的實驗，他給那些絕頂聰明的名校大學生們出了相同的數學題目，要求他們盡快給出答案。結果，超過一半的大學生被迷惑了，犯了和小學生一樣的錯誤。

有些人正是因為太聰明了，思維轉動得過快，經常還沒來得及思考，大腦中已經出現了一個「正確」的答案。這時候，他們又沒有耐心去驗證這個答案，把錯誤的答案當作正確的答案的情形就如同家常便飯一樣常見。對於這樣的人來說，想要擺脫思維惰性需要付出很大的代價。如果讀者你也是這樣的人，就要對自己有清醒的認知，拋棄那些潛意識當中自以為是的、「聰明」的、「正確」的想法，嘗試著改變自己的思維習慣及看待問題的角度。

而另外一些人呢？則是單純的懶。他們懶得思考，懶得改變，懶得打破思維慣性。他們對某一種思維模式固執己見，不管遇到任何問題，都搬出這種思維去應對，結果是思維越發僵化，最終陷入嚴重的思維麻痺當中。所以，對於潛意識給自己挖下的陷阱，要時刻提防，注重培養自己突破慣性思維的能力。打破思維的牆，克服懶惰，勤於思考，才能激發出令人耳目一新的創造力。

第三篇 潛意識修練，你能做很多的事

第六章　控制潛意識

你的身體只能有一個指揮官

如果你的身體裡只能有一個指揮官，那麼一定是你的潛意識。

心理學家卡朋特曾就「意識」和「潛意識」提出過「兩列火車」的理論。他指出，人們的思維其實是由兩列並行的火車——兩種思維及其精神活動組成的。而且，這兩種精神活動其實是並行且不產生交集的，在人們的頭腦中並不相互干擾。事實上，「意識」和「潛意識」這兩列火車不僅只是在同一個鐵路系統上進行著緊密的合作，這兩列火車還經常在無數龐雜的線路上並駕齊驅，並且相當多的時候都會經過相同的站點。只不過，當它們發生交錯的時候，通常意味著你的頭腦已經有了漏洞的存在。

事實上，如果僅僅是為了滿足生存需求，人類和眾多非人脊椎動物一樣完全不需要意識的參與。渴了喝水，餓了找食物吃，冷了就去找個洞穴住，困了就隨便找塊空地睡覺，這些因為生存所面臨的基本問題都不需要人類用意識去參與。也就是說，人類可以離開意識而存活。但是，如果離開潛意識，人類很可能連渴了需要喝水這種生理需求都無法滿足。雖然人能夠意識到自己很長時間都沒有飲水的事實，但如果不依靠潛意識的力量，人的中樞神經是無法從繁雜的肢端神經中提取出需要喝水和感到口渴這兩種神經回饋的。

潛意識接收並處理了人們生活中將近百分之九十五的資訊，並透過高速的運轉解決人們需要處理的一切問題。意識需要做決定的事情其實很少，而且更重要的是：在意識的決定中還有相當一部分的比例是交給潛意識來處理的。雖然人們並不會察覺出潛意識在生活中發揮著怎樣的作用，但人們的確是因為潛意識的存在才能夠完成諸多複雜又瑣碎的任務。

意識更像是人們建立的一個用來提取每日任務的工作平臺，在意識的工作內容中，大多是人們必須要面對的且潛意識無法解決的、由於人類社會的存在才逐漸產生的問題。比如：如何回答老師的問題。老師教授給學生知識的過程本來就是人類自身演化而來的產物，人們不能僅僅透過一次對視就將問題的答案呈現給老師。

首先，意識需要從人們的腦海中提取出老師曾經教授的問題的相關知識。這種學習過程就是意識參與並發揮著作用的過程。人們無法透過潛意識的隨意搜尋而將雜亂無章的資訊中任意的一個點或者部分回饋給老師。問題的標準答案是具有唯一性的，人們只能不斷運用自己的意識去搜尋腦海中存在的那個唯一正確的答案。

再比如：如何禮貌地向自己的親戚匯報感情狀況。這是一項需要社交語言技巧的活動，人們並不能將這件事交給潛意識去處理，雖然你潛意識中想的可能是「沒有，別問了，就此打住」，但你在真實的交談中絕不可能就這樣說出你的真實想法。這個時候，就需要意識的閃亮登場幫助你應對親戚的盤問。此時，遣詞造句和字斟句酌的巧妙應對就成了你意識中的大事。那麼，在這個過程中是不是潛意識就變得無足輕重了呢？人們在潛意識下的記憶使人們產生了對各種人和事物的好惡情緒。

情緒其實也是一種潛意識的產物，人們在對某事物沒有經過意識的能動考慮之前，情緒已經率先做出了反應。當人們看到自己喜歡吃的食物的時候，腦海中首先彈出來的情緒就是「喜悅」。那麼，這種情緒更深層次的來源又是什麼呢？因為先前對這類事物的認知和記憶已經「寫」入了人們的潛意識之中，人們才能在看到這類事物的時候腦海中立刻彈出對應的情緒。當年曹操見眾將士唇焦口燥，士氣低迷，就告訴他們前方有一大片的梅樹。眾將士聽曹操這樣一說，一想到梅子酸甜的滋味，精神立時為之一振，口中也因充滿唾液而不覺乾渴。這雖然是一種條件反射，但也說明人的潛意識能夠先意識一步啟動進而直接由潛意識支配自己的行為。

人腦在二十四小時之內都會一直產生各式各樣的腦電波，按波長的頻率可以分為β、α、θ、δ四種。當人們清醒時，腦電波會一直處在β頻率上；而當人們處於睡眠的第一狀態時，就會處於α頻率上。在人腦處於α頻率時，人的意識被限制住，潛意識在頭腦中自由行走。

在許多極端和緊要的時刻裡，人們的頭腦會在一瞬間「當機」，頭腦中的意識會在一瞬間突然消失，這個狀態其實就意味著α頻率已經切入了清醒的頭腦，潛意識在危機的時刻侵占了意識的軌道，人開始展現本能所能發揮的巨大力量。

二〇一一年七月，在一棟大樓的十樓，有一個嬰兒由於家中無人爬上了窗臺，從陽臺上墜下，鄰樓下班的吳女士在這千鈞一髮之際接住了嬰兒。

事後，醫院檢查發現吳女士的左臂尺橈骨斷成了三節。之後，人們透過計算、分析得出這樣一個結論：吳女士接住嬰兒的行為實際上相當於在零點一秒之內接住了重達兩百八十七公斤的物體。再考慮到吳女士僅僅是一個身高不足一百六十公分的柔弱女性，這一切簡直可以稱得上是人間奇蹟。

潛意識不僅擁有強大的力量，更重要的是，它是人類演化的幾百萬年裡仍舊保留並發揮著重大作用的生物本能。

不要幻想，而要訓練有素的想像

既然潛意識擁有強大的力量，人們該如何做才能不斷訓練並培養自己的潛意識，進而掌握它來更好地為自己服務呢？雖然這個想法非常美好，但可惜的是：正是由於潛意識，人們並不能透過意識訓練對潛意識有任何的可估量的提升和培養。

在網路上搜尋「潛能激發」，會讓你見識到這個世界上最能吹噓自己和欺騙別人的騙術大師，將「潛能」和「潛意識」混淆並劃上等號就是他們慣用的招數，動輒就是「提升你的潛能，讓你的思維能力追趕愛因斯坦」。且不說潛能這個概念的錯誤界定，實際上，所謂的「愛因斯坦的大腦的開發程度遠超常人」便已經是十足的偽科學了。在他們的理念中，將對思維進行的訓練和發展等同於對潛能的開發和提升實在是荒謬至極。

「潛能大師」們之所以能夠受到眾人的追捧，最重要的原因還是在於他們能非常巧妙地假借一些心理學理論並歪曲竄改本意，將其歸納美化成自己的東西，這也正是為什麼說「潛能訓練」是一種與科學背道而馳的假科學的重要原因。

「潛能大師」們的課程給人們帶來的無外乎嗑藥一樣的精神亢奮狀態，但當它們的影響在你內心漸漸消退的時候，你才能意識到「潛能大師」們所講的是那樣蠱惑人心但又毫無用處。

平平在工作中非常努力，但一直得不到職位晉升的機會。他很苦惱，也很固執地認為自己本身已經擁有足夠的能力去獲得自己想要的一切。一次偶然的機會，平平接觸到了某位「大師」，準確地說是結識到了某位「大師」的一個狂熱信徒。在這個人的慫恿之下，平平決定參加一次「大師」的講座，希望能夠獲得一定的幫助，讓自己早日擺脫無法進步的職場困境。

進入講座的會場時，平平發現五百人的座席上幾近飽和，每一個人都西裝革履且神采奕奕的樣子，單從目光中就能感受出他們對生活、工作及未來的美好憧憬。

燈光打向主席臺，站在所有人面前的「大師」不僅風度翩翩，而且聲音鏗鏘，出口成章。「你們每個人都一定能成為你們想成為的樣子」，這句話直擊平平的心靈，他忍不住輕輕拭去了眼角幾乎快要湧出的淚水。

讀完上面的故事，我們不難得出這樣一個結論：平平的內心深處已經接受了「大師」和他的理論。事實上，任何一個稍微了解並學習過心理學的人都能夠對平平施以同樣的影響。仔細閱讀本書之前的章節，相信讀者不難理解為什麼「大師」能夠對平平造成這樣深刻的影響。

我們在前文中曾經提到過關於心理暗示的力量，而在平平的故事裡，我們可以知道的是：他在準備面對這個「大師」之前心裡已經開始說服並暗示自己要相信「大師」及其理論了。當平平來到會場後，與會人員的整體氛圍和環境又對他施加了很大的影響。越是心智不堅定的人越容易被外界的事物干擾、影響。當平平開始適應並接受「大師」及學員群體帶給他的影響之後，「群體意識」開始占據他的頭腦，他將更難對事物進行客觀的分析和認知了，轉而變為了「群體」中的一員。

關於這方面的內容，讀者如果有更大的興趣可以去看一看勒龐的《烏合之眾》，雖然該書有些內容可能稍顯不合時宜，但能夠在一百多年以前對社會心理進行一定程度的剖析，仍不失為一部可以了解社會心理學，尤其是群體心理學的佳作。

既然人們並不能透過意識訓練對潛意識有任何的可估量的提升和培養，那麼，是否意味著不斷地訓練和發展自己的各項思維能力完全是在做無用功呢？當然不是！恰恰相反，不斷地對意識方面，諸如邏輯思維、擴散性思考、辯證思維進行有意識的練習，正是對潛意識進行開發和增強的有益措施。雖然潛意識無法被感知和測量，但人們的意識完全能夠依靠後天的學習和不斷的強化進而獲得一定程度上的提升。

我們在這裡仍然拿電子競技來舉例，當你在某一項遊戲中付出了較多的時間和精力後，隨著對遊戲的理解程度越來越深，你在轉換陣營以及人物的過程中都能打出較好的成績來。不論是你對對手的分析，還是對戰局形勢的判斷都會達到一個有意識水準的程度。這其中的「有意識」就表明了你在遊戲過程中獲得了一種能夠正確判斷遊戲流程、掌握整個遊戲局勢的遊戲意識。

如相應的意識逐漸被提升和培養之後，人們就能夠在相應方面獲得相應的技能，感知和相應的「直覺能力」。比如下圍棋，真正的高手能夠在對方落下第一枚棋子的時候就對整個棋局形勢一目了然，這當然與之前高手無數次的背譜、練習、對弈等因素是分不開的。

不光是在遊戲中，這種意識的展現還可以擴展到任何一種需要人們透過學習和認知來理解並掌握的本領當中。「打出意識、打出境界、打出水準」，這個時候所說的「意識」就更像是在潛意識領域的「技能直覺」。也就是說，人們對某事物了解到了一定程度，就會擁有一種類似於獵人能夠僅憑感覺就能分辨出獵物逃走方向的直覺。這種「直覺」不正是人們苦苦追尋的潛意識所能顯露的最佳形式嗎？

永遠不要小看意志的力量

如果我現在要求你用一條腿獨立地站著並保持平衡，你最多能堅持幾分鐘？一分鐘，或者是兩分鐘？能堅持更久嗎？

如果我在這個要求上增加一個附加條件，比如：你能堅持十分鐘時間，我就給你五百元作為獎勵。你認為自己能夠堅持多長時間？大部分人差不多能夠堅持十分鐘左右，在沒有經過相關練習的前提下，這大致就是普通人能夠堅持的平均時長。

如果我繼續疊加條件，比如堅持半個小時的話，我可以給你一萬元作為獎勵。相信之前能堅持十分鐘的人，有一部分會突破半個小時的關卡。

雖然人們的體質和能力相對來說是較為穩定的，但意識的力量是無窮的。就單腳站立這件事來說，人們雖然並不能像約阿希姆（**Arulanantham Suresh Joachim**）那樣打破世界紀錄持續站立長達七十六小時，但人們仍然可以突破自身極限，跳出自己給自己強行設定的能力標準線。

相信有過長跑經歷的人都知道，身體在一定距離內還能夠聽從自身的管控，但在更遠的距離之後感覺自身開始進入了「極限」狀態。在這種狀態中，人們會成倍放大並意識到自身在動作中的痛苦，肌肉痠痛，無法做出大幅度動作的小臂，呼吸也變得更加沉重，汗水在後脊裡緩緩地流淌著。全身都在和你說：「我太累了，需要停下，需要休息。」停下很容易，最困難的是堅持下去，而這就需要你的意志來發揮作用，你要調動自己的意志來對抗全身的痛苦和疲勞。這是一場自己和自己的戰鬥，也是最磨練意志的過程。當人們承受了相當多的痛苦之後，走出了「極限」狀態，就能夠進入新的狀態之中，你驚喜地發現身上一切不良狀態似乎都消失了。肌肉重新獲得力量而不是痠痛的體驗，小臂的擺動也在為你增添力量而不是成為阻力，每一次呼吸都是愉快的體驗，汗水被自己的速度帶走，肌膚觸到冰涼的空氣之後帶來的是另一種令人愉悅的戰慄。

憑藉意志，人們終於翻過了精神痛苦的高山，開始踏上輕鬆的下坡路。在整個長跑的過程中，人們還將無數次體驗這種經歷。雖然人們大多是在平坦的道路上不斷地前行，但精神和意志將一次又一次在高山、谷底間不斷地翻越。這也是人們普遍認為長跑是磨練意志力的最佳運動方式的主要原因，不斷經受「極限」的心理體驗才能夠不斷提升人們對自身的意志的認知。

在腦力上，人類有愛迪生、愛因斯坦……在速度上，人類有博爾特……但誰也無法保證他們將永遠成為這些紀錄的保持者。人類永遠無法觸摸到自身極限的天花板，在追求極限的道路上永遠不會停下自己的腳步。

既然意志能夠發揮如此重要的力量和作用，是否能夠透過訓練來進一步磨練它、強化它？大多數普通人是否能夠實現自我的不斷突破呢？兩個問題的答案都是肯定的。磨練意志的途徑和方法有很多，最重要的一點是當你感到痛苦、想要退縮時再繼續堅持下去，在磨練意志力的過程中要正視這個過程中需要經歷的痛苦和考驗。

做事的時候遇到困境和僵局實在是最常見的人生體驗了，人生就是由無數各種層出不窮的難題組成的，重要的是在接下來的路途中是否能夠一直堅持下去。

人生的起跑點大致相同，在這場馬拉松比賽中，能夠真正贏得最後的勝利的一定是意志足夠堅強的人。

鏡子能夠照出奇蹟

網路上一直流傳著「人們看到鏡子中的自己會比真實的自己更加美麗，鏡子中的自己是經過了腦補的產物」的說法。雖然心理學領域中似乎從未進行過這項研究，但這種現象的確存在。那麼，究竟是什麼原因使得人們會更加青睞「鏡子中的自己」呢？

即便現在可以透過各類美顏軟體將自己的臉修成自己最想要的模樣，人們依然會認為鏡子中的自己狀態更好，也更美麗。即便是平時並不怎麼照鏡子的人，也更願意相信鏡子中的自己更接近真實的自己。這一切究竟是鏡子的「魔法」，還是有著更為「科學」的解釋呢？「曝光效應」或許可以給人們提供一個新的思路。雖然鏡子能夠在最大程度上展示自己，但透過鏡子觀察到的自己和他人眼中或者是照片中呈現出的自己會有一定的偏差。此外，由於每個人都更加關注自己，即便是自己和他人同時照鏡子，自己也會放大自己在鏡子中的形象。

曝光效應中，當人們在非強迫的狀態下對某個對象進行重複的、未經強化的曝光，對這個對象更容易產生好感。在各種無意識的狀況下，人們其實都在收集或者尋找著自己的身影。隨著接受的回饋越多，越容易在這個過程中增加自己對「鏡子中形象」的好感。事實上，人們也可以利用這個效應來幫助自己。想要讓自己成為更加自信的人，不妨透過這種方式每天進行自我激勵：起床後，面對著鏡子中的自己，說出自己最真誠的讚美，如「你今天看起來棒極了」。看到這裡，讀者可能會忍不住發笑了，這看起來簡直就是一個心理有問題的人在對自己不停地自言自語。然而，這並不愚蠢，也並不是心理有問題的表現。正相反，自言自語正是一種提升自信的有效方式。

人們在孩童的時候經常受到父母、長輩的鼓勵，但長大成人後就很難從他人的口中隨時隨地聽到對自己的讚美和鼓勵了。然而，成人實際上依然非常需要他人對自己的讚美和鼓勵。人們的自信並不是與生俱來的，而是在成長的整個過程中由自身、家庭氛圍以及整個社會的多重因素影響之下形成的。在天性沒有太大差別的情況下，家庭中受到的影響將伴隨一個人的一生。即便原生家庭已經從自己的生命中徹底的遠離或隔絕，人們童年的經歷依然烙印在自己的生命中。

人生漫長又短暫，每個人都是這個世界中新生的嬰兒，需要靠自己不斷的摸索才能了解世界的面貌。因此，我們不妨給予自己多一點掌聲和鼓勵。透過樹立積極的自我形象來幫助自我不斷提升信心和能力，以便在未來能夠以強大的自信來迎接隨時可能出現的各種困難和挑戰。

改變自己的消極性格，從每天面對鏡子時的改變開始。當你面對自己的時候，試著盡量傳達積極向上的情緒能量給自己。給自己一個大大的微笑，相信一切事物的發生都自有其規律：失敗時不將自己視為最大的問題，成功時也不貶低自己在其中發揮的作用。

幫助你追求卓越的「似本能」

本能指的是同一物種所有個體共同表現出來的不學而能的行為反應；同時，本能又指某一種生物生而具有的行為潛能或傾向，表現出不學而能的行為模式。佛洛伊德還對本能提出了另一種獨特的看法，他認為本能是促使人類某種行為但不為當事人所知的內在力量。

貓天生會抓老鼠、候鳥會遷徙、大麻哈魚會洄游產卵等，這些動物不需要學習就自然擁有的行為就是本能。人也是有一些本能的，如從小就會哭泣、飢餓的時候會去找吃的等。

本能對於人們的意義在於，它保障人們的安全，讓人們能夠照顧好自身的同時躲避危險。但是，在本能之外，還有一些因素控制著人們的行為。比如：明明早上睏得不行，但還是要去刷牙洗臉；明明週一狀態不好，但還是要在公司撐到下班；明明很想吃巧克力，但想到減肥就控制住了自己的食慾……很顯然，這些行為不是本能，甚至可以說有一點反本能。這種反本能控制著人們行為的因素，在心理學上就稱為「似本能」。那麼，似本能是怎樣產生的呢？心理學家認為人的需求可以分為七層，分別是生理需求、安全需求、社交需求、尊重需求、認知需求、審美需求和自我實現的需求。人們在前一層次的需求已經得到滿足了，也就是控制前一需求的本能已經得到了滿足，此時，追求下一層次的需求就成了人們的本能，這就是似本能。

在生理需求階段，似本能和本能彷彿沒有什麼區別。當處於更高級的需求階段，人們的似本能便會越來越脫離本能。舉個例子，假設一個人有很高的收入，也有豪華的房子，可惜他沒什麼朋友，此刻似本能就催促他出去社交，這些行為與單純由欲望和生理結構組成的本能已經偏離甚遠。要是這個人身無分文，溫飽都成問題，他哪裡還會有時間去思考自己的交際問題呢？在這個例子的基礎上，我們可以發現：在低階的需求階段，似本能只是對於生理上的基本需求；而在高級需求階段，似本能更像是一種對於關愛、感情、道德和正義上的需求。這對於人們有什麼意義呢？答案是：如果人們能夠意識到似本能的存在，並讓似本能成為人們潛意識的一部分來改善自己的行為，人們就會努力去追求更卓越的自己。

我們看到一些人溫飽已經得到了滿足，但依然有很多的低階趣味，這就說明他們的似本能並不是很強大。如果他們擁有強大的似本能，情況可能就完全不同了。讓似本能更強大，無疑是給自己追求卓越的道路上增加了成功的砝碼。所以，似本能是值得人們了解並深入研究的，讓似本能成為潛意識的一部分，更是人們應該努力做到的。

第七章　潛能，來自潛意識的禮物

把注意力放在正確的地方

當人被矇住雙眼，只需要幾分鐘就會發現聽力和觸覺都更敏銳了。人類的注意力是極為有限的，從外界獲取的資訊中有大部分都來自於視覺資訊。因此，當人們無法獲取視覺資訊的時候，聽覺和觸覺都會比平時更好。這也展現了人們在獲取資訊時的精力是有限的，在獲取資訊時很容易顧此失彼。假設某學生上課時的注意力總是高度集中，不會隨意和同學交頭接耳，也不會隨意分神，就非常容易學到知識。但是，長大一點後，該學生在課堂上就很難集中起注意力了，和同學小聲說話、傳紙條、看小說、打瞌睡，家長和老師都很擔心，難道這個孩子不如別的孩子聰明嗎？其實，這不是聰明或不聰明的問題，這就是注意力的問題。人不斷長大，從外界接收到的刺激和資訊也就越來越多，越來越多的誘惑干擾著人完成自己手頭的事情，從而導致效率低下、注意力不集中，最後形成無法擺脫的惡性循環。

人們在工作中往往會發現：哪怕僅僅是和同事閒聊幾句也會讓自己很難再繼續進入之前的工作狀態當中。人們所處的世界裡不是只有工作，工作之外的其他事情還在頭腦中隨時等待。它們等待著這些空隙，然後便肆無忌憚地在你的意識裡大呼小叫，明天的應酬、今晚的約會、昨天鄰居告訴你的可疑人士在附近徘徊的事情、家裡的小狗昨天剛剛咬爛的一塊地毯……

關於如何更好地控制自己的注意力，相關的書籍浩如煙海。人們提出時間管理理論，試圖以此來抵抗拖延症和注意力不集中帶給人們的惡劣影響。比如：番茄工作法就是一種將時間劃分成塊的工作方法，以此來解決人們注意力不集中的問題。一個番茄時間是三十分鐘，其中二十五分鐘用來完成工作，剩下五分鐘用來休息。還在上學的讀者看到這裡可能會忍不住「吐槽」：這簡直就是自己給自己安排上課時間嘛！

愛因斯坦為了向大眾更好地解釋他提出的相對論，曾用一個相對簡單的比喻來詮釋。你和一個正在追求的女郎共坐在火爐旁的半小時，與你一個人孤單地坐在火爐旁的五分鐘相比，哪一段時間讓你覺得更加漫長？當人們的注意力全神貫注在某件事物上時，人們對時間的自我感知能力就會變慢；而當無法集中注意力時，人們的頭腦就會被各式各樣的事物占據，時間就在各種短暫的想法中被逐漸拉長。

人總是容易被習慣支配，而在各種習慣的支配下只會變得越來越容易產生惰性。有時候，試著打破一些容易分散精力的習慣也能讓人更好地集中注意力。人需要在不斷經受挑戰的過程中盡力做一些微小的改變，而微小時間的累積也是不容小覷的，如果每天能節省十分鐘，就能夠在一年裡多出將近六十一個小時的時間。

注意力無法集中，很大的原因就在於各種事件和資訊總是不受控制地闖入頭腦當中。這時候，適度的休息和調整能夠將紛雜的想法從頭腦中清理出去。深呼吸法在這裡能夠發揮意想不到的良好功效。「四七八呼吸法」是一種透過呼吸調節訓練來幫助人們更好地休息大腦並藉此提升注意力的方法，四秒鐘吸氣，七秒鐘屏息，八秒鐘呼氣，循環三次。在這個循環過程中，人們的身體能夠得到適度的休息和調整，大腦也就因此得到了調節和休息，這類似於一種對大腦進行「重啟」的行為。

集中注意力還可以透過一系列的訓練來達成，對於一些需要高度集中注意力的職業來說，訓練注意力幾乎要伴隨整個職業生涯的每時每刻。那麼，究竟該如何引導自己的注意力，才能在一定程度上掌控事物的主導權呢？回到之前的話題，愛因斯坦的「女郎、火爐理論」或許就是問題的關鍵所在。人們手頭的很多工作都不太可能是「與女郎待在火爐旁」，當然也達不到「孤單地坐在火爐旁」這種令人頭痛的地步。但是，對於手頭任務的興趣缺失和認識程度不夠的確是人們無法更好地集中注意力的重要因素之一。因此，在完成任何事情之前，都要有一定的規劃和理解，這才是解決事情的首要之務。「磨刀不誤砍柴工」，就像上學時老師總是要求課前一定要溫習功課一樣。只有對事情有足夠的了解，才能實現在認知中由「孤單地坐在火爐旁」變成「與女郎待在火爐旁」的轉變。不要在事情處理之前就產生畏難情緒，這只會令事情變得「難上加難」。

挑戰生理極限，做更好的自己

人類的極限是什麼？跑得最快，跳得最高，游得最快……

人類的極限只能有一個人做到，但挑戰你自己的極限卻永遠在路上，你永遠可以繼續前行。我們一直在討論意志力能夠到達的極限，事實上，意志力與人的生理極限密不可分。在前文中我們提到了徒手接住嬰兒的吳女士，她的行為不正是一次挑戰生理極限的過程嗎？

健身需要人們不斷克服精神和肉體上的雙重勞累，這也是一種不斷挑戰自身生理的方式。人們的肌肉和意志其實遠比自己能夠意識到的更堅韌。健身教練通常會針對每個人的身體狀況制定不同的健身計畫，這從本質上來說就是一種不斷試探人的能力極限的過程。在不斷訓練的過程中，你的耐力、爆發力和承受力都會達到一個你之前無法想像的程度。在健身的過程中，人們不斷提升自身的能力極限，雖然一開始總是會處於肉體和精神的雙重痛苦折磨之中，但在這個過程中人們會不斷進步並提升自我。有很多人接觸了健身之後都變成了「健身狂人」，就是因為他們體會到了健身給他們帶來的樂趣。

挑戰生理極限，其實也沒有人們想的那麼困難。人們之所以會在面對困難時退縮，很大一部分原因是在頭腦中放大了困難的程度，使得一開始就將困難設定為一座無法攀登到峰頂的山峰。當人們在心底將某項事務認定為是自己不能承受的範圍時，就會節節敗退，至少在不斷前進的同時也在逐漸放慢攀登步伐。

喜歡登山的人都知道，如果一開始不考慮其他的因素，只是一味地為了能夠登頂而不斷努力，在後續的攀登過程中壓力會越來越大。可能還沒到半山腰，就會因為力竭而不得不停止自己的腳步。目標過大，正是人們在處理任何問題時都會遇到的困難。目標讓人們變得更加有動力，但過大的目標也會給人們帶來不小的壓力。人們能夠承受的壓力是有一定的範圍和閾值的，太過沉重的壓力或許還會使事情出現新狀況。還以登山為例，要想在爬山時發揮出自己最大的潛力，首先要做的就是分割自己的目標。比如：將攀登到峰頂分成一個個小目標，在這個階段可以欣賞一下這個區域最著名的景點，等到了下個里程點可以看看遠處山峰的景色，等到了半山腰還可以觀賞一下那裡最好看的花木……

心理障礙遠比人們實際上面臨的困難更難以踰越，很多情況下，人們不能實現目標，不是因為自己的能力不夠或動力不足，而是由於在心中預先給自己設定了一個「極限標準」。

在長跑的時候，人們都會在某一階段進入自己的瓶頸期。這個時候，身體變得格外沉重，心跳頻率明顯增加，呼吸也變得沉重，雙腿和手臂在擺動時的痠痛感也變得更加明顯，整個身體都在告訴自己：這似乎就是極限水準了。但是，這種無力的疲乏狀態還是能夠克服的，當你堅持跨過這個階段，這些不適的反應就會減輕。

已經熱愛上健身、瑜伽、攀岩等任何一項運動的人都會告訴你，運動給他們帶去了無比的樂趣。他們絕不是信口開河，當他們在進行某項運動並已經達到了一定的程度時，大腦會分泌多巴胺使他們更樂於去鍛鍊，並在這個過程中體會到快感。因此，對於他們來說，多巴胺的激勵和習慣的養成促使他們在鍛鍊之後變得更有幸福感，也更快樂。

記憶是可以訓練的

相信很多人都對《最強大腦》這類智力節目有所了解，在節目中動輒就是「智破百部手機鎖」，在一百部手機中隨機設定一百個密碼，隨機挑選之後解開手機；或者是「QR碼檢索」，將一百個電話號碼同相應的QR碼一一對應著記憶，隨機挑選之後將兩者正確地匹配等等。這些節目都在挑戰著人類的大腦能夠達到的各種記憶極限。

我們在前文中提到的所羅門．舍雷舍夫斯基擁有照相機般的驚人記憶，很顯然，他的大腦運作模式已經和常人截然不同了，像他一樣的人應該是極為稀少的。但是，那些節目中的記憶選手的成功和記憶能力並非無可複製，只要透過一定的練習和訓練，人人都能在一定的程度上塑造並提升自身的記憶能力。

人們的記憶是有規律可循的，艾賓浩斯遺忘曲線中揭示了記憶遺忘的規律，我們同樣可以透過利用艾賓浩斯遺忘曲線來提升自己的記憶效率。雖然僅憑這個遺忘曲線中所描述的區段來進行學習和回憶並不是一種最為明智的方式，但這依舊提醒了人們想要獲得持久而穩定的記憶，首先要做的就是加強回憶。定時回憶和複述能夠幫助人們在這個過程中不斷強化自己的記憶，幫助人們將這些記憶從短時記憶模組向長時記憶模組轉移。

記憶很奇特。當人們看一個事物的時候，頭腦總會形成瞬時記憶，就像是人們在川流不息的馬路當中對某一個人的匆匆一瞥一般，當人們的虹膜中對這個人的身影和形象進行資訊的接收和傳達之後，關於這個人的資訊就變成瞬時記憶在人們的頭腦中留下了印象。但是，這個印象就宛如剛剛吹好的肥皂泡泡一樣，一瞬間就會破滅。如果這個人剛好和你搭上了同班公車，而且剛好就坐在你的身邊，剛才形成的瞬時印象就得到了強化。頭腦就準備將這個人從你的瞬時記憶中提取出來，再結合著你在這個過程中對他同時產生的新的印象，你就對這個人形成了一段短時記憶。

然而，這種記憶仍然是脆弱的，你對他的印象或許可以停留一天，或許可以停留一個星期。在這之後，你對他的全部印象和記憶就如同一支在太陽下曝晒著的冰淇淋，隨著溫度的逐漸升高及時間的流逝會慢慢融化，最後不成形狀。如果想要讓短時記憶成為長時記憶，你就要讓這個陌生人進入你的生活或成為你的朋友。比如：你在同他交談之後從而加深了對他的認識。增進對對方的認識，也能夠幫助你的長時記憶更加立體、深刻。

更為神奇的是，長時記憶有時能夠喚起瞬時記憶，當你對一個人的了解足夠多之後，你就能夠從腦海中將你認為已經被刪除的瞬時記憶的內容再重新「撈」回腦海之中。也就是說，那些你認為已經完全忘記，甚至認為已經被粉碎清理掉的東西，依然儲存在你的記憶硬碟之中，成為你無法察覺的「幽靈檔案」。所以說，每個人的頭腦都是記憶的寶藏，裡面有太多太多的東西，以至於自己都無法察覺到。

透過對記憶進行訓練，你能夠將那些在頭腦中倏忽而過的想法捕捉下來，逐漸匯聚成照亮自己思維殿堂的明燈。這也能夠幫助你學習更多的知識，而不會浪費時間，使得每一分每一秒都更加有價值。

增強記憶的最佳方式就是練習，在合理的條件下不斷地重複才是使你能夠學習更多的知識、記憶得更加牢靠的唯一法門。至於是否要嚴格遵照艾賓浩斯的遺忘曲線來進行練習，我認為就是見仁見智的事情了。

雖然艾賓浩斯曲線有其科學性，但同樣不能忽視現實生活中影響人的記憶力和學習效率的其他因素。

問題就是答案，行動是解答公式

心理學領域有一個名詞叫「約拿情節」，它代表的是一種自我逃避、退後畏縮的心理。

在「約拿情結」中，潛意識對人們造成的影響是：它會加重人們對於困難的認識，尤其是當困難問題沒有正確的解決方法時，潛意識會加重人的恐懼。有時，人們會不斷地提醒自己：困難不可戰勝，自己應該放棄。

人生總是在不停地面對各種困難，有些困難確實也大到了讓人暫時束手無策的地步。然而，這不是潛意識支配自己選擇退縮的理由。恰恰相反，這反而應該成為人們戰勝困難的方法。每個人都有待開發的潛能，當潛能迸發出來之後，很多問題就能夠迎刃而解。那麼，怎麼調動自己的潛能呢？有一點值得注意，那就是化問題為答案。

有些人覺得解決不了問題是因為沒有解決問題的答案，但很多時候，答案其實就是問題本身。這個道理要怎麼理解呢？比如一個人受肥胖困擾，他想要減肥但不知道如何減，越來越覺得減肥是不可克服的難題。如果他轉變思維方式，給自己一個心理暗示——肥胖是問題，減肥就是方法，情況就不一樣了。當他潛意識接受了這種暗示，他所要解決的就是行動的問題，或者跑步，或者控制飲食，或者去健身房參加減肥課程……也就是說，你要有一種潛在的意識，問題本身就是答案，而行動才是解決問題的公式。比如一個人很窮，如果整天空想著怎麼去賺錢，那他很可能一輩子都困在貧窮。如果他所做的不是思考怎麼賺錢，而是從每一天開始都努力賺一些錢，那結果可能就完全不同了。

世界級網球大賽開始前都要求選手們抽籤決定對手以及順序，如果有哪個小組因為成員實力過強，就會被稱為「死亡之組」；如果小組賽之後進入分區賽，哪個分區有過強的選手，又會被稱為「死亡半區」。進入「死亡之組」或「死亡半區」的運動員常常出現兩種極端情況，一種是超常發揮，一種是完全發揮不出正常水準，這其實就是潛意識在發揮作用。

某次網球比賽中，運動員們在抽籤室裡面等待。抽籤結果一個個揭曉，一些進入「死亡半區」的運動員抱怨個不停。但是，就在大家抱怨不已的時候，一個名叫納達爾的男子卻獨自默默地拿起球袋走開了。當時正在採訪「死亡半區」成員的記者十分好奇：別人都在抱怨，這個隊員怎麼就離開了呢？於是，記者悄悄跟著納達爾，發現他在一處僻靜的角落裡停下來反覆練習揮拍，並且不斷地糾正自己動作上的錯誤。

「你都這麼不走運被分進『死亡半區』了，還訓練幹嘛？」

「我不知道別人是怎樣看待運氣的，我只知道，一個人只要努力，就能贏得好成績！」

納達爾說完之後，再也沒看記者一眼，而是繼續練習。

正式比賽那一天，納達爾剛上場的表現相當一般，得分幾乎是一邊倒。隨著時間的推移，觀眾們漸漸發現納達爾打起球來非常拚命，很多大家以為肯定接不起來的球他都能不可思議地接住了。尤其是在對手打出一記漂亮的反擊之後，所有人都認為納達爾跑不回去了，可是誰也沒想到，納達爾竟然飛身撲了過去，搶在球落地之前又打了回去。

現場鴉雀無聲，一片寂靜。臉上沾滿了泥土的納達爾吹了吹手臂傷口上的細砂，捏緊拳頭大吼一聲，對手徹底被納達爾的氣勢壓倒了。那天，對手輸了，不是輸在技能上，而是輸在精神上。那次比賽，初出茅廬的納達爾一戰成名。

納達爾一戰成名的故事告訴了我們什麼叫做問題就是答案。納達爾面對的問題是晉級下一輪，而不是對手有多麼強大，那麼，他需要做的也就是晉級下一輪。至於能不能晉級，那就交給比賽場上的行動來決定了。

如果是普通人處在納達爾那種情況下，思考的一定是困難有多大、對手有多麼不可戰勝，這其實在潛意識裡就讓自己進入了被動的角色。被動者的行動，永遠是跟從、模仿、參照主動者的，在這種情況下，潛能也就無所謂能不能被激發出來了。而真正的主動者則像納達爾一樣，在潛意識支配下不去思考問題，而是越過問題去行動，這就完全不同了。就像有些人說：我比你強大的原因就是我比你強大。這看起來似乎是一句廢話，但卻是不折不扣的至理名言。

在問題面前不要去考慮那麼多，要用行動代替思考，給自己潛意識的暗示：我要做的就是我現在做的。當有了這種暗示之後，你的潛能就會被調動起來。雖然這不足以幫助你戰勝一切困難，但至少能夠幫助你戰勝自己。

沒有人一生下來就什麼都會，只有經努力行動才能取得成功，而這個過程中的每個階段都需要自己自信勇敢地邁出行動的第一步、第二步……

要想成功，首先就要行動起來，不要思考困難，要相信自己的行動，暗示自己：行動才能吸引好運的到來。如果一開始你就恐懼追求成功過程中的困難，並且被嚇得蹲縮在一旁不敢前進，你怎麼能夠跨越成功的門檻呢？

第八章　潛意識與自我塑造

你比想像中要強大

小時候，人們幻想的未來總是存在著無限可能。長大後，人們卻逐漸從自信滿滿過渡到了否定自己、懷疑自己。考試、完成任務，總是考慮很多，但越是考慮，越是容易對自己產生錯誤的估量和質疑。曾經想成為一顆參天的大樹，卻在這個過程中認為自己只能是一棵臨水的細柳，弱不禁風。

人們在自視內心時，總是會放大自身的弱點。其實，人們遠比想像當中的自己更加強大和優秀。沒有人能夠盡善盡美，人們勢必會做錯一些事，也勢必會在一些問題上受到別人的質疑。但是，這並不應該是自我否定的理由。相信自己，接納自己，才能在足夠自信的基礎上變成更好的自己。

這是一個重效率、要速度的時代，人們總是疲憊地追逐著結果、成績，已經很少有人會試著在路上看風景，也很少有人能夠在這個過程中享受過程帶來的樂趣。還有的人，在追夢的過程中過度放低了姿態，完完全全成為了一顆「向日葵」，每日都圍著人們對自己的要求奔波著。在家長面前，盡力做聽話的好孩子；在老師面前，盡力做好學的好學生；在朋友面前，盡力做友善的好朋友；在同事面前，盡力做真誠的好同事。每一日都在不斷討好身邊人的過程中忙碌著。並不是說這樣做沒有道理，但這種取悅型人格無疑也是一種不夠自信的表現。

人們通常都是在和他人的比較中漸漸生出不自信的。但是，你要知道：並不是自己遇見的每一個人都如同他表面看起來那樣優秀。如果從邁出第一步之前就認為自己和別人有著過大的差距，那麼，這場比賽從一開始你就已經輸了。

因為不夠自信乃至於有一點點自卑，越來越多的人認為自己有「社交恐懼症」。社交恐懼症患者在面對隨處可見的各種挑戰時總是會更加的小心和步步為營，也因此更加抗拒和陌生人乃至其他人的接觸。

人既渴望孤獨，又恐懼孤獨。但是，唯有切實感受過了孤獨，才能真正找到和自己對話的方式和途徑。人獨處的時候，不論是放聲大笑還是失聲痛哭，都不會受到別人的關注。這種時刻的平靜是不受社交或是社會困擾的，這時人的內心自有一種平靜。所以，當你斬斷在意他人的多餘負累之後，你就擁有了自信。

著名的指揮家小澤征爾有一次赴歐洲比賽，在現場演奏過程中幾次發覺某一個小節的音樂有問題。他多次停下並和樂隊進行調整，他向評委們反映這段樂譜中的問題，但評委們以及臺下眾多音樂界的權威人士都一致向他表示：這一切毫無問題。在這個時刻，小澤征爾不可能不動搖，但他依然選擇堅持自己的觀點，停止演奏並認為這一小節音樂存在問題。

現場掌聲雷動，評委們高興地宣布小澤征爾在這次大賽中取得了最後的勝利。原來，樂譜中的確存在問題，這其實正是本次大賽中最重要的試題。只有在眾多權威面前仍能頂住壓力，相信自己的判斷並堅持自己的觀點，才配得上獲得這次比賽的冠軍。除了小澤征爾之外，另外的參賽選手均沒有對這段不合音律的樂譜發表任何觀點。

相信自己，你才能獲得將夢想照進現實的力量。

樹立信念，成為你想成為的模樣

沒有信念，人和走獸又有何分別？如果對自身的未來沒有定位和追求，就好比是山間的裸石或水中浮萍，只能任憑命運隨意擺布。當你順著山風和流水隨意飄零之後，最終還是會歸於一片虛無。樹立信念並不意味著要水中月、鏡中花。立志當高遠，立志需躬行。大部分人在生活中莫不是平凡者，但卻可以立下偉大的志向，並不斷為此而努力。

樹立信念還不夠，還要有足夠的勇氣。人們在追逐夢想的道路上總是會遭到別人的嘲笑和鄙夷。若你因此甘於平凡，可能也就意味著將永遠失去變得不平凡的可能性。從此以後，你的人生軌跡也將與志向背道而行。也許日後人過中年、銳氣全無之時，只剩下自己略顯寒酸的自嘲和調侃，想當年自己也曾如何如何。

人至少應該給自己一個可能性。若你想成為一名律師，不論現在你在做什麼，至少先著手準備司法考試。認真複習、看書、準備，在這一系列的努力都進行之後，即便考試的結果不盡如人意，但至少你在這個過程中的確是在為目標不斷地付出。這一次不行，還可以有下一次，即便全世界都不會為你吶喊助威，但至少自己問心無愧。

失敗者之所以會失敗，就是因為他們做任何事情的時候都過分強調外因的影響。考試失敗是因為監考老師太嚴厲，嚇得自己不能正常答題；演講失敗是因為當天環境不好，後臺的悶熱氣息令自己覺得大腦不舒服；相親不順利是因為對方是一個很悶的人，完全不理解自己感興趣的笑話。在失敗者的世界裡，錯誤全是別人的，自己永遠沒有一點錯。但是，他們有這種想法永遠也不能做成任何事情，永遠無法成長起來。

人們樹立信念的過程中，一定也要培養起勇於正視自身問題的觀念。否則，不管怎樣努力，事情都會向著失敗的方向走去。事物的外因在事物發展的過程中能夠產生的只是輔助的作用，真正能夠改變事物發展軌跡的只有事物的內因。也就是說，如果人們想要改變自己的人生，他人的幫助和環境的支持只能產生一定的、有局限性的作用，真正能夠改變你的只有你自己。

樹立信念，並在信念的支撐之下不斷擊敗考驗和磨難，唯有如此，才能在最後成為自己想成為的模樣。

不想、不問「壞事為什麼會發生在我身上」

生活中，糟糕的事情永遠在發生。比如：今天你穿了雙新鞋子，卻在出門後意外濺了泥點。之後，上班、吃飯的你都是一副怒氣沖沖的樣子。上午工作時也因此造成了失誤，為此還被經理責備了一頓。效率和情緒都很低落的你就這樣因為幾個泥點而度過了糟糕的一天。

「世界以痛吻我，要我報之以歌。」泰戈爾在詩中如是說。即便世界對人們是如此的嚴苛和殘酷，人們仍應接受它給予人們的苦難和磨練，並由此更好地體悟並面對人生，最終去謳歌這個世界上的美好。

壞事隨時可能發生，我們無法改變，但我們可以用更加樂觀的態度面對壞事。不要總是陷在事情為何變壞的原因中無法自拔，總是沉浸在追悔、困惑和憤怒之中也不可能將壞事變成好事。

一次考試的失利被不斷放大，可能就會影響後續考試的發揮。壞事和失敗之類的事永遠不會少見，但如果你只是沉浸在這種「傷痛性的體驗」中，壞事就會更加頻繁地出現在你的生活裡。

在沙漠中長途跋涉的人，面對同樣的半瓶水，會有不同的反應。樂觀者看著剩下的半瓶水，想到的是要堅持下去，還有半瓶水可以支撐自己走出沙漠或獲救。而悲觀者看著半瓶水，腦海裡全是悔恨不已，為什麼自己在這之前沒有忍住口渴少喝水，現在只有半瓶水了，該怎麼辦才能堅持到走出沙漠？

不要去想「壞事為什麼會發生在我身上」，也不要去問。一味追尋問題並不會幫助你擺脫困境。只有不斷將腳步落實在解決問題的道路上，才能最後徹底解決問題。

讚美自己，你要自以為很成功

古往今來，能成就一番事業的人無一不是自信者，雖然他們在成就事業的過程中總是會遭遇不期而至的痛苦和迷茫，但他們總是能夠撐住壓力，用信心和對自己的肯定來面對考驗和折磨。能成大事者未必不拘小節，但能成大事者必不看輕自己。

在一堂心理課上，老師叫我們所有人列出自己的十個優點，再向一小組內的每個人講出自己的優點。一開始，每個人都很困擾，直到最後的在分享環節時每個人能想到的自己的優點依舊只有三四個。老師忍不住問大家：難道你們覺得自己沒有優點嗎？我們面面相覷。老師後來改變了規則，讓我們兩人一組，每個人列出同組另一人的優點。活動總算有了些進展，每個人都能夠不費力地說出別人的優點。最後，每個人都驚訝地發現：原來自己有這麼多的優點。

時至今天，我還能記得同學當面告訴我有什麼優點的時候，我內心的喜悅和困惑。喜悅的是被他人發現了自己察覺不到的優點，困惑則是想不明白為什麼自己眼中的自己是那樣的「一無是處」。為什麼自己越來越沒有自信心了，以至於連覺察自己的優點都變得如此困難？

老師在課後對我們講了一個觀點：如果自己都不能發現自身的優點，那又如何期望他人理解你、認同你。

人們總是習慣被教育著成為更加「內斂」、「有涵養」的人，習慣從自己身上找不足，並習慣仰望那些已經登上山頂的成功人士。在這個過程中，人們過分放大了成功者和自己的差距，也將自己的位置擺得更加卑微，幾乎要沉在泥土裡。妄自菲薄只會讓人們前進的道路更加艱辛，過分地輕視自己只會讓自己一次次錯失成功的良機。所以，你要讚美自己，要自以為很成功。

讚美自己可以透過一些具體的方法來實現。每天早上起床之後，對著鏡子給自己一個燦爛的微笑，對著鏡子中的自己講出自己的三個優點，哪怕只是一件小事中展現的優點也要講出來。在不斷認可自己的過程中，你就能逐漸體會到自己一點一滴的進步。進步雖小，但只要能夠使自己不斷意識到自己的進步，就是有意義的。

當你不斷給自己積極的心理暗示之後，就會發現自己真的變得更加積極、樂觀了。讚美自己，接納並不完美的自己，同時堅信自己在這個世界上的存在自有其意義和價值，你才能夠在未來的人生道路上走得更加從容、自信。

粉碎「命中注定是失敗者」的說法

畢業於同一所大學的同學，畢業一年之後也許沒有什麼不同；但在畢業十幾年之後，他們卻毫無疑問地有了很大的不同，有些人成了成功者，有些人成了失敗者。我們在這裡需要先指出一點，我們所說的失敗者並不是財富、地位亦或其他物質方面的定義，而是指有以下特質的人：價值觀缺失、拒絕奮鬥、未老先衰、失去奮鬥意志、怨天尤人、將成功完全寄託於運氣或命運。那麼，到底是什麼原因導致他們成了失敗者呢？從心理學的角度看，這些失敗者喪失了成功的能力，他們在潛意識裡已經接受了「命運的安排」。

舉個例子，一個人在會考、學測、求職、升遷等多個重要的人生關口連續遭遇挫折，這對他造成了巨大的痛苦。為了緩解這種痛苦，他要為自己的失敗尋找一個藉口，這個藉口就是命運。他認為自己「命中注定與成功無緣」。而在餘生的歲月裡，只要遇到挫折，他都會加固這種「宿命論」的藉口，直到讓它完全深入自己的心靈，讓它成為一種潛意識。而當一個人的潛意識中有這種失敗的「宿命論」時，我們也就很難相信他真的能夠取得什麼成績了，因為他已經失去了改變的勇氣。要想在內心中粉碎「命中注定是失敗者」這種說法，勇氣是最重要的。那麼，勇氣又是怎麼來的呢？

有些讀者可能會認為，勇氣是在關鍵時刻做出決斷並付諸行動的決心。前路漆黑一片，有勇氣的人會毫不遲疑地邁開腳步；站在令人恐懼的高臺高空彈跳時，有勇氣的人會大吼一聲縱身跳下；在人們的目光注視下，有勇氣的人勇於大聲唱歌……但這些不應該算是勇氣。從高處跳下、在人們注視下唱歌，這需要的只是一瞬間的決定，但這種瞬間的決定更像是魯莽而非勇氣。實際上，在危險面前表現出過分的果決非但不是勇氣，反而是利用虛張聲勢的行為掩蓋內心恐懼的表現，這其實是缺乏勇氣的表現。

真正的勇氣，用個體心理學創始人阿德勒的話說，就是承受風險的能力。

阿德勒曾經追隨自己的老師佛洛伊德從事心理學研究，但他也是第一個站出來挑戰佛洛伊德的心理學家。阿德勒認為個人心理在相當大的程度上受社會文化的影響，他藉此創辦了個體心理學派。

阿德勒曾經試圖對人的勇氣進行心理學研究，他得出的結論是：內心的勇氣往往由人的經歷決定，當一個人的經歷越豐富，在特定領域所累積的正面能量越多，他的勇氣就越大，他承擔風險的能力也就越大。下面，我們可以用一個著名的例子來說明阿德勒的這個結論。

二○○九年一月某天，美國全美航空編號 1549 的客機照例從紐約拉瓜地亞機場起飛，飛往北卡羅來納州夏洛特。這次班機的機長名叫切斯利．沙林博格，五十七歲，

擁有一萬九千六百六十三個安全飛行小時；副駕駛名叫傑夫．史凱斯，四十九歲，擁有一萬五千六百四十三個安全飛行小時。如果沒有意外，飛機將會在兩個小時後安全降落在夏洛特機場。

就在飛機剛剛起飛的時候，一群飛鳥撞進了飛機的引擎中，這次撞擊讓飛機的兩個引擎全部失靈，飛機需要立即迫降。此時的飛機還沒有飛離紐約上空，地面上滿是住宅區，根本沒有迫降的區域。如果貿然迫降，結果很可能就是機毀人亡。

此時，飛機上一百六十個人的生命已經全部掌握在了沙林博格的手中，他選擇了哈德遜河作為迫降地點。沙林博格先是命令機上所有人員安穩地坐在座位上，然後進行了一次教科書般的迫降動作，阻止了這架重一百噸的飛機在與水面接觸時解體，機上所有人奇蹟般全部生還。

操縱客機在河面上降落幾乎是不可能的事情，因為只要接觸水面的角度稍有偏差便會讓機翼折斷、讓機身扎入河底。但是，沙林博格用勇氣和他精湛的駕駛技術創造了奇蹟。

上面例子中的沙林博格是真正的勇敢者，因為他知道自己面對的是什麼樣的狀況，他知道自己正承受著多大的壓力，也知道自己即將做的事情有多大的風險。但是，他沒有慌亂，更沒有盲目地做一些看似勇敢的決定，而是依然保持平靜，按部就班地處理了所有的問題，拯救了所有人的生命。

沙林博格的勇氣來自於他的自信，也來自於他的經歷。沙林博格曾服役於美國空軍，駕駛過F4戰鬥機，他在一九八〇年成為全美航空公司的飛行員。此後，他專門學習過如何維持機組有效執行、應對危機等心理學課程，懂得如何在壓力下應變，並多次以調查員身分參與空難調查。在此之外，沙林博格還創辦了一家名為「安全可靠性方法」的安全管理顧問企業。過往的經歷讓沙林博格能夠準確評估自己所面對的風險和自己所要採取的策略，這使得他即便是在緊急的狀態下依然能夠冷靜地處理問題。冷靜下來的沙林博格具備了承擔風險的能力，我認為這才是真正的勇氣。那麼，普通人，甚至是「失敗者」，怎樣做才能算是有勇氣呢？

◆第一，去掉身上的「標籤」

沒有勇氣的人一個突出的表現就是喜歡往自己身上貼「標籤」。在他們看來，一旦被貼上了「標籤」，就可以把壓力直接釋放給潛意識，毫無心理壓力地規避很多風險中的選擇。比如：一個人在自己身上貼上了懼高症的標籤，他就可以大大方方地拒絕很多高空作業，他會這樣安慰自己：「不是我不做這件事情，而是因為我有懼高症，這並不怪我。」

◆第二，養成一種習慣

有人認為，勇氣和恐懼是互相矛盾、不可並存的。其實，有勇氣的人並非不會恐懼，但他們會在勇氣和恐懼中選擇，在危急關頭選擇展露勇氣，而將恐懼留在問題處理完畢之後。失敗者正是需要向成功者學習這種選擇，並讓它成為一種習慣，即當嚴重問題出現時，先習慣性地壓抑恐懼而表現出自己的勇敢。

◆第三，記住成功，忘記挫折

失敗者喜歡歷數自己的失敗經歷，並在失敗的經歷中得出自己永遠也不可能成功的結論，進而更加沒有承擔失敗的風險的勇氣。成功者則喜歡銘記自己的成功，將其看作經驗，這能夠幫助他們更輕鬆地面對風險。需要指出的是，成功者並不會忽視挫折，但他們對挫折的重視展現在總結經驗教訓、尋找自己失敗的原因並在以後規避它。

◆第四，記錄勇氣清單

成功者的勇氣會不斷增長，失敗者的勇氣則不斷喪失。因此，記錄下你展露勇氣的時刻，看一看你的勇氣是在增長還是在喪失，你就能分析出自己的問題出在哪裡，進而做出正確的選擇。

挫折面前尋找藉口而不是尋找方法，這是失敗者典型的表現，這種表現的根源是潛意識當中的「宿命論」。因而，用勇氣來粉碎「命中注定是失敗者」這種說法就成了失敗者追趕成功者必須邁過的門檻。

「剷除」偏見，做獨立思考的人

英國女作家珍．奧斯丁有一部名著是《傲慢與偏見》，主要情節是圍繞傲慢的男主角與帶著偏見的女主角展開的。女主角伊莉莎白聰慧過人，卻偏偏誤解了達西先生骨子裡的真誠與熱情，那麼，是什麼影響了她的邏輯思維判斷能力呢？是偏見。帶著偏見的有色眼鏡，聰明的伊莉莎白也變得偏激起來。

錯誤源自於偏見，偏見帶來的是認知上的偏差，嚴重地影響著人們正常的思考。我們都知道人腦的計算能力是非常強大的，但這種強大的計算能力及迅捷的反應能力卻經常將人們帶入一個個失誤，之所以會產生這樣的結果，部分原因就在於認知偏見。處於認知偏見中的人，在思維判斷上會陷入到過分自我的潛意識當中，這嚴重地干擾了他們認識事物、判斷問題的程式，被帶入錯誤的方向也就不足為奇了。

為什麼會產生偏見？這是因為人們的認知產生了謬誤。當你看待問題、認識問題的時候不以事件本身為中心，卻圍繞著自我直覺、印象等諸多情感因素來進行的時候，就很容易產生認知謬誤。

如果你看待問題不看它的本來面目，卻盯緊了它若有若無的倒影，你根本無法得出正確的結論。

偏見來源於主觀，也就是在潛意識中你是以自己為標準的，這讓你完全依賴於自己主觀上的看法、直覺，而不去參考事實依據。於是，你陷入到了一個巨大的邏輯漏洞中。

心理學家將人的種種偏見按照來源和表現分為十二種：確認錯誤、派系偏見、賭徒謬誤、購後合理化、忽略機率、觀察偏差、維持現狀偏見、消極偏見、從眾效應、投射偏見、當前偏見、定錨效應。這十二種偏見基本上都來自潛意識中的主觀性。也就是說，雖然環境等因素改變了，但人們的思維依然停留在以自我為中心上，這就等於親手為自己戴上了有色眼鏡，還固執地認為有色眼鏡後的世界才是真實的世界。

想要成為一個能夠獨立思考的人，首先必須放棄自己的偏見。剔除成見，是為了讓自己更加客觀地衡量世界上的萬事萬物，不受潛意識中漏洞的左右。我們可以運用以下的方法來訓練自己的邏輯思維，「剷除」偏見。

◆面面俱到法

例如：你如果打算換工作，就得將所有與工作相關的因素都納入自己的思考範圍中。你不僅得考慮工作的薪資待遇、上班時間等顯而易見的問題，你還得考慮一些容易被人忽視的問題，如企業背景、企業發展前景等。同理，你思考任何一個問題的時候，不僅要關注大局，更要關注細節，不要遺漏或忽視一些看起來微不足道卻對你的決策能夠產生巨大影響的細節。

◆先見之明法

你要結合現實情況對未來的發展趨勢做出一定的預測，短期或長期都行。不管你想的對不對，你得養成這種習慣。日常生活中，你可以隨時運用這種思維方式來幫助自己做出更明智的決策。

◆明確目標法

做任何事情之前，確定目標後再展開行動，而在行動的過程中需要將你的目標時刻銘記在心。因為人們在解決問題的時候，注意力可能會被各式各樣的事情及層出不窮的意外擾亂，如果忘記了目標，可能就會在錯誤的道路上越走越遠。若能始終銘記目標，你會將所有的心思放在解決問題的方法上，這樣便能提高效率。

總而言之，偏見影響了大腦的正常工作，在人們思考的過程中，它將時不時跳出來干擾人們的視線。不要迷信根深蒂固的偏見，要想法將它「剷除」，這樣你才能成為一個具有強大的獨立思考能力的人。

第四篇 駕馭潛意識，開啟社交網路的密碼

第九章　潛意識讀心術

與潛意識有關的小動作

每個人都有一些不經意的小動作，有時自己都察覺不到，這些小動作不受意識控制，只聽從於潛意識的指令。這些不經意的小動作往往還能夠透露出當事人當時的心理狀態。所以，當人們了解了這些小動作背後隱含的意義後，就能幫助自己在社交場合中更好地與他人溝通。

與陌生人接觸，大部分情況下人們會以握手和對視、微笑開始。那麼，僅僅從握手這個動作就可以或多或少地了解到對方的想法和性格。如果對方採取了主動的、雙手握手的方式，至少能證明對方對你是沒有排斥的，或許對方對你可能有非比尋常的興趣。但是，這種握手方式也同樣讓人感受到了壓迫感和威脅性，採取這種握手方式的人通常都是強勢且非常熱情的。與之相反，如果在握手時只願意伸出指尖輕輕帶過，很可能就是沒有說出口的「拒絕」。所以，當你與他人握手時，僅憑對方在握手時的力度和方式就能推斷出對方是否願意與你建立一定程度的親密關係。就像戀愛關係中的男女一樣，雙方感情逐漸升溫的重要象徵就是變得更加渴求與對方發生親密接觸，比如牽手和擁抱。因此，留心社交對象握手時的表現，可以幫助你快速找準社交距離。

當你試圖拉近和某人的關係時，也可以試著模仿或做出和他相同的小動作。事實上，當人們對某人產生好感或者崇拜之情時，總是會不自覺地模仿他的言行，這其實正是一種「同調行為」。人們常常會說一對情侶在相處時間夠久夠長後會有很多的相似性言行，其實這正是兩個人對彼此的模仿所致，而且往往是當事人自己察覺不到的。有研究曾經指出，即便是兩個陌生人在一起，當一人開始模仿另一人的行為，被模仿者也會對模仿者產生好感。因此，當你想讓一個人對你產生好感，適度對對方的行為進行模仿也不失為一種巧妙的方法。

當人們試圖說謊或者隱藏祕密的時候，往往會做出一些無意識的小動作。當人們試圖欺騙他人時，手會無意識地在臉上做一些動作，更多的情況下會摸摸鼻子，試圖掩蓋自己此刻的情緒，而這就是一種當事人自身不會意識到的「欺騙行為」。另有研究指出：當人們欺騙他人時，人體內會分泌一種「兒茶酚胺」，這種物質會刺激鼻腔內部的組織，致使鼻子發癢，就會造成之後想要摸鼻子的行為。說謊明明只是人們的一種行為，最後卻促使人體產生了讓自己不適的化學物質，這也許能從另一方面說明謊言和欺騙實在不是人類擅長的。

當人們講述某些事情的時候，通常會非常留意他人的肢體動作，以其獲得他人的同意和認可。比如：當你看到他人交叉抱著雙臂、挺著胸脯的時候，多半就會在心中產生這樣的認知與感受：這個人很可能不認可我的意見。留意的話，你還會發現抱臂的方式各不相同，有高高抱著雙臂的，也有將雙臂抱在低處的，有弓著背抱臂的，也有迎著視線抱臂的。抱著雙臂是人類的防禦本能在社交過程中的展現，人們透過肩膀將自己和他人的空間區隔開來；同時，交叉的雙臂也能在一定程度上增加人們的安全感。與此同時，站在抱著雙臂的人旁邊的人很可能就會覺得對方對自己有威脅。

面部的肌肉和皺紋也會在不經意間向你展示他人內心深處的真實情感。人在表達情感時臉上總是會出現一定的表情，表情也許會讓人的臉上出現一些能夠表達情緒的瞬時皺紋。只有當人們流露出真情實感的時候，這些皺紋才會被牽引著出現。眉間紋則是因為經常會表露出憤怒的情緒所致。當你頻繁的產生焦慮和憤怒的情緒之後，眉間紋很可能就將永遠留在你的臉上了。

每個人的左右臉的形狀不會完全一致。有人在研究中發現，幾乎所有人都容易將自己的真實情緒表露在左臉上，即便是人們費盡心機地做了一系列的準備和訓練之後也是如此。當你與某人交談時，他試圖盡量讓自己的右面而不是左面朝向你的時候，你就需要注意分辨他的話語的真偽了。此外，當人們的情緒很緊張的時候，也會不自覺地聳起肩膀，這顯然不是一種自然的身體姿態。

如前所述，人類並不是善於欺騙的物種，當人們試圖欺騙或表達謊言時，人們的大腦會在協調情緒和動作時出現差錯。真實情感的表達總是那麼堂堂正正；而當人們試圖對某些事實或真相進行掩蓋或欺瞞時，總是會心跳加速、呼吸急促、血壓升高並感到緊張和不適。

人們真實地表露自己的情感的時候，無論動作有多麼誇張和怪異，但至少有其合理性存在，他人不會從真實的情感表達中發現控制情緒的跡象。但是，試圖掩藏情緒者總是會出現一些怪異的、克制的控制情緒的行為。

怎樣才能更好地分析人們的行為背後深藏的含義呢？這就需要你不斷提升自己的觀察能力了，久而久之，你總會從他人的行為中看出一絲端倪。

沒有小動作的人又會給人怎樣的感覺呢？不會發呆、聳肩，或者不會皺鼻子、吐舌頭，更不會緊張地搓手、來回踱步……一切行為看起來都是那麼合理，但卻給人一種虛偽感和距離感。

眼神中的祕密

與人談話時，你或許經常看到對方的目光不自覺地游移不定，有時是往左上方瞄，有時是往右下方看……這些不斷變化的眼神究竟意味著什麼？僅僅是無意識的小動作，還是包含了更加複雜深刻的意味呢？

如果你能及時捕捉到他人的眼神變化，再同他的話語進行同步比對的話，就能夠發現兩者之間的一致性：每當眼神有了快速的變化時，他的話語也會出現明顯的變化，可能是語句出現明顯的中斷，也可能是話題突然轉移，又或是他開始在話語中加入了一些新的內容。這些眼神的變化其實正反映著他想法的變化。

當人們的眼睛不斷向上看的時候，通常是在考慮一些事情。如果人們在思考時感受到他人的注視，會有一種被人窺視的感覺，也不利於更加深入地思考。這時，將視線從注視對面的人轉向上方之後就可以隔絕他人探詢的眼光。為什麼不是向下看或者向左右轉移視線呢？不知道你有沒有意識到，當人們在面對他人時向下看，會讓他人產生困惑不已的感覺；而左右飄忽的眼神又會讓他人覺得是在拒絕自己的意見，簡直就和擺手拒絕一樣直白。因此，在綜合多方面因素的考慮之下，向上看成了更佳的選擇。

當人們回憶自己真實經歷過的事件時，眼睛一般會向左上方看；而當人們在描述或是臆想根本不存在的事件時，眼睛則會朝右上方看。

經過專家們大量的研究和試驗之後，人們漸漸能透過細微的眼神變化來了解他人的言語是否真實。然而，需要注意的是，之前我們描述的眼神注視方向都是以右撇子作為測試對象的。因此，觀察左撇子時應該用相反的眼神方向考量。

小張和小孫、小王在一家餐廳裡喝酒。這時，一個女人突然闖了進來，他們三人便打賭——猜猜這個女人來餐廳做什麼。女人在門口和服務生說了兩句話後便獨自離開了。小張率先猜測這個女人是為了修改預定的時間而來的。小孫根據這個女人進來時氣喘吁吁的樣子及臉上有些花掉的妝容和她身上優雅的小禮服，認為這個女人可能是和丈夫大吵了一架之後跑到這裡來尋找丈夫的。小王則認為這個女人認識服務生，是來約服務生的，理由是：這個女人穿著優雅的小禮服，頭髮也整理得一絲不苟，應該是和服務生商議兩個人一起去參加什麼活動的。

小張笑著喝掉了酒杯中的最後一點紅酒，拽著小孫和小王一起去向服務生詢問那個女人究竟說了什麼。

結果令小孫和小王大失所望。服務生告訴他們：女人是特意趕過來告訴他要將明天上午十點鐘預約的餐桌取消的。小孫和小王非常失望，他們不能理解：三個人同時觀察這個女人，可是為什麼最後的預測結果中反而是小張的猜測最接近真實的情況呢？他們悻悻地替小張買了兩瓶酒之後，小張才緩緩道出他的理由。

原來，小張從一開始就一直注意著那個女人的眼神，當她走進餐廳的時候，首先的動作就是看餐廳大堂裡掛著的掛鐘。此外，女人的眼神並不驚慌，眼神裡也沒有困擾的意思，反而顯得非常平靜。小孫和小王在提到這個女人的時候都關注了她的衣著，但卻沒有追隨她的目光。所以，小張認為：女人在傍晚來到餐廳，要麼是過來用餐的，要麼就是過來改預約的。至於和服務生聊天，女人的眼神裡分明流露出就是和陌生人交談的意味。因此，和服務生有約也是不可能的。

上面故事中的三個人同時觀察一個女人，就是因為關注的側重點和方向不同，他們在對女人的真實意圖進行猜測時就有了非常明顯的差別。因此，和他人交流時，不單單要聽他人說什麼，更重要的是要學會捕捉他人的眼神。當你學會在不露聲色中追隨著他人的眼神時，你就能夠更好地了解他人的真實想法。但是，我們也要意識到並不是所有的眼神都包含著真實的「掩藏的情緒」。

在我自己身上就曾經發生過一件有趣的事：

由於我的眼睛高度近視，在日常生活和工作中都戴著眼鏡。某次和朋友們一起出遊的時候，我忘記戴眼鏡了。結果，整整一天下來只有和我關係最為親密的朋友小馬與我說過幾句話。遊玩回來之後，大家面對著戴眼鏡的我又能夠與我正常交流了，這讓當時的我十分困惑。

事後，我終於忍不住了問小馬：為什麼大家那天不和我說話。沒想到，小馬給了我一個哭笑不得的答案。

小馬回憶說，就連他自己都不是出於自身的意願想要跟我搭話的。實在是大家都覺得不知道該如何和我說話，幾乎算是在大家的懇求之下，小馬才勉為其難地跟我說了幾句話。

在小馬的描述中，我在那天的表情顯得心情非常不好，總是皺著眉，眼神也變得殺氣騰騰。大家幾乎一致認為：我那天的情緒非常糟糕，簡直就像是一頭隨時會被人喚起怒意的獅子。

當我向小馬解釋這一切都只是因為我沒有戴眼鏡時，小馬才恍然大悟：「怪不得我和你談話時感覺你的心情還不錯。所以，其實當時你的心情還是很好的？」

……

對我而言，上面講的故事稱得上是令人難忘的體驗了。在我自己沒有意識到的情況下，我的近視眼竟然給我塑造出了冷漠、憤怒的形象。因此，當你試圖透過眼神來了解他人的情緒時，不妨慎重一點，多一些考量，再多一些觀察，而不要僅僅憑藉直觀的印象便認為自己已經掌握了事情的真相。

表情無意間出賣了內心

當我們試圖了解一個人的時候，我們應該去看他的眼睛。當我們試圖去感受一個人的情緒的時候，我們應該去看他的表情。越是那種在臉上一閃而過的表情，越是能夠真切地反映出一個人的所思所想。事實上，能夠反映一個人心中真實想法的表情通常都是轉瞬即逝的。如果有人想表達自己很震驚，這種表現震驚的表情通常只能持續幾毫秒的時間。如果一個人瞪眼、皺眉、張著嘴的表情持續了相當久的時間的話，只能證明這個人只是在盡力表現自己很震驚。也就是說，他只是在試圖表演震驚這種情緒。

正是因為有了表情，人們才能夠在很多情況下毋須透過語言便能準確表達自己的情緒。

人們發明了語言來表達和傳遞自己的思想，但表情卻能比語言更加快速直白地告訴他人自己的所思所想。人們習慣了用語言來遮掩自己內心的真實情感，但表情卻總是會悄悄出賣人們，將人們試圖掩藏的情感表露無遺。

當你試圖搭訕一位女士時，也許只需要幾秒鐘的時間就能讓你意識到她對你究竟是有好感還是厭惡，這就是表情的巨大魔力的展現。

社交是指人們透過和他人進行交流、傳遞意識的一種社會性行為。在社交過程中，為了使他人更願意接受自己的觀點，每個人都會盡力使自己表現出易接近的、友好的樣子。當一個人總是板著一張臉、毫無表情的時候，就會被人們認為是不友好的、具有攻擊性的、難以相處的。然而，真實情況是：很可能這個人只是剛好不喜歡微笑或做一些明顯的表情，或者天生就長了這麼一張「厭世臉」，其實他內心既善良又開朗。但是，在很大機率上，人們並不會嘗試著繼續和他進行深入的交流和溝通。

當你自己的內心對自己所講的事物都充滿抗拒和否定時，控制自己的表情就成了一件苦差事。實踐告訴我們：控制好自己的情緒，不讓它出現在臉上是很困難的，人類並不是一種天生就可以遊刃有餘地撒謊的生物。即便是最高明的騙子，也會在某些時刻透過表情展露出他最真實的想法。表情的偽裝遠比人們想的要困難得多，只要是偽裝，就一定會有漏洞存在。

美國學者沃爾夫曾經發表論文指出：人的左右臉在表達情緒時，通常左臉的表情會更激烈一點。當人們的臉上露出表情的時候，左半邊臉會比右半邊臉更早表現出人們內心的真實情緒。

左右臉會呈現出不同的表情，這也正是左右腦分工合作的最佳證明。右腦處理關於內心情感的部分，因此在對應的左臉上，人們就會將自己內心深處最真實的情感表露出來。而左腦則處理著更為理性的情緒，因此右臉上就會呈現克制的、處理過的表情。左右臉的細微表情差異就成了我們分析他人內心真實想法的更好的途徑。

當人們試圖對某些事情掩飾時，會拚命地用另一種情緒來掩飾自己當時的情緒，或許會在一時之間奏效，但這種掩飾是有時效性的，過於緊繃的神經和偽裝出來的表情最終還是會在瞬間的鬆懈中暴露出其最真實的想法。

不論是透過面無表情來遮蓋自己內心的真實想法，還是透過誇張的動作和表情來掩蓋自己相反的想法，只要你心中存在著不能被表達的想法，你的表情都會顯現出不和諧的蛛絲馬跡。

當你站在鏡子面前試圖擠出一個並不是發自內心的微笑時，或許都不需要別人來戳破，你自己就能感受到這個笑容的虛假。因此，只有經過不斷地認真觀察，人們才能夠獲悉表情背後所潛藏的真情實感。

聽其音，知其人

對於人類來說，如何發音不僅僅是口腔結構的問題，也是一種心理活動。沒有人能夠否認，聲音是具有很濃烈的感情色彩的。也就是說，人類在用聲音向外界傳遞資訊的時候，不僅僅是語言在發揮作用，音量、語速、音節長短也是一種表達，只不過它們表達的是一種情緒。

我們之前講過，情緒往往受潛意識的控制。也就是說，情緒往往在人們的理智之外爆發出來，而捕捉這種非理智的爆發，我們是可以透過分辨人們說話的音色來完成的。

對於表達情緒的聲音，科學家統一將它們稱為音色。音色是能夠承載個人感情的，關於這一點，從動物那裡就可以得到證實。

有專家研究顯示，音色的變化代表著人的情緒在變化，這一點與動物相同。猴子在求偶的時候，會用高亢有力的聲音發出訊號；而在受到威脅時，則會讓聲音變得尖銳刺耳。

不同的音色會表達不同的情緒，也會給人不同的感受。比如：當你聽到語調奇怪的稱讚時，你就能夠聽出這種語調背後的意思——這一定不是正常的稱讚，而是諷刺和嫉妒。因此，與人交流的時候，對於音色的觀察也是我們了解他人心理和情緒的方法之一。例如：一個平時「麥霸」級別的女生，在一次班級晚會上唱歌居然走了音，聲音不自覺的發顫，我們就知道：下面或許坐著她一直暗戀著的男同學。

透過音色的變化，我們能夠獲知說話人的情緒。而且，一些經常處於某種情緒之中的人，其音色會逐漸固定，儘管其在與人溝通時會極力掩蓋自己音色上表露出的缺陷，但只要注意觀察，我們仍能夠聽出其正常的音色應該是怎樣的。換句話說，音色是一個人性格的習慣表露，無論怎樣掩飾，終究是無法讓已經成為習慣的性格湮滅掉。所以，只要注意傾聽對方極力隱藏的音色，就能夠看出對方是一個什麼樣的人，或者說能夠看出對方當時的心理活動。

音色總是會在不經意間展示人們的真實性格。因此，當我們想要了解某人時，我們就可以從他的音色入手，傾聽他在潛意識當中傳遞給我們的資訊。那麼，究竟什麼樣的音色代表了什麼樣的性格呢？下面這幾個典型例子可以供讀者參考。

當一個人的音色中含有較為短促和決絕的音調時，往往會給他人緊迫的感覺，這樣的人多半是比較自負的，自我意識比較強烈，性格當中固執、自以為是的成分會比較多一些。這一類人往往缺乏耐性，無論對於自己還是他人，都不會很好地表現出關心和體諒的情感。他們更不會輕易接受他人的意見和建議，往往是較為自私的。

當一個人的音色中常有一些較為綿長而又低沉的音調時，說明他的性格當中憂鬱的成分比較大。這一類人往往有較強的自卑或自怨情緒，他們的心理承受能力不會太強，對於挫折和失敗往往沒有太好的辦法。這一類人的性格也是比較自我的，但他們這種自我往往展現在對自己的責備上面。他們的性格比較消極，往往是比較被動的人。

有些人音色低沉但粗獷，說明這樣的人為人處世較為現實。這一類人做事時會表現得比較謹慎，與人相處的時候也能夠體諒他人。

有些人音色高亢但並不尖銳，說明這樣的人的性格是比較爽朗、外向的。這一類人的性格中樂觀的成分會比較多。與他人交往的時候，他們往往能夠成為對方最好的朋友。

有些人音色洪亮而尖銳，說明這樣的人精力充沛。這一類人的性格當中有很大的不確定性，他們這種尖銳的音調表現出來的是他們不善於表達的問題，如何分辨這一類人的細微性格差異是有很大難度的。

有些人音色含糊，喜歡在說話時清喉嚨，他們往往是比較容易緊張的人，情緒容易受外部事物的影響。而且，緊張的情緒會導致他們不自信，他們本身就不是勇敢的人。

氣質，展露你無法隱藏的資訊

早在西元前五世紀，古希臘的醫生希波克拉底已經將人們的氣質分為了四種類型：多血質、膽汁質、黏液質、憂鬱質。在他的學說中，他認為人體內有四種體液，根據這四種體液的多少和比例不同，人的氣質類型也被分成了前面提到的四種不同的形式。人們在之後的研究中，結合了巴夫洛夫的學說及其他心理學家的相關的研究，對這四種氣質類型有了更細緻的解釋和分析，甚至還制定了一系列測量氣質類型的量表。

在這個成型的、完備的理論中，每種氣質類型都被賦予了深刻而鮮明的性格特點。

- 多血質的人的個性表現：活潑好動，能夠對發生的情況做出快速的反應，喜歡與人接觸；但是，注意力不夠集中、興趣容易發生改變。
- 膽汁質的人的個性表現：耿直熱情，精力充沛，情緒波動性較大；而且，情緒的轉換也比較快，性情比較急躁，在處理事情的時候不夠沉穩。
- 黏液質的人的個性表現：沉穩冷靜，對外界發生的情況的反應速度慢，不喜歡與人接觸或進行頻繁的社交往來，注意力比較集中，遇事反應冷靜，比較有忍耐力。

憂鬱質的人的個性表現：脆弱敏感，對外界發生的情況常持抗拒的心理，極不願意與人接觸或進行社交，外界的人和事物對其的影響比較大，情緒上容易憂愁、傷感，對事物的體驗比較深刻，想法比一般人更加細緻。

如果上面的描述讓你覺得這些氣質類型概括的還是有些太籠統，那麼，我接下來講的故事會讓你對它們的認知更明確的。

多血先生準備叫上他的三個好朋友週末一起出去聚餐。週五這天晚上，多血先生特意去他們的家裡邀請他們。

多血先生最先去的是膽汁先生家，因為他知道：如果膽汁先生知道自己不是第一個被邀請的人，一定會在聚餐剛開始的時候就鬧得不可開交，最後大家只會不歡而散。

多血先生在膽汁先生家的門口並沒有等待很久，膽汁先生說了要收拾一下自己的家之後，不到兩分鐘就把門打開了。多血先生既期待又緊張地走進了膽汁先生的家裡。

多血先生還記得在上次來到膽汁先生家時糟糕的情形：到處都放著衣物和廚具，

膽汁先生自己穿著一條鬆垮的短褲就走了出來，嚇得憂鬱質小姐當場就轉身跑開了。

膽汁先生這一次似乎是進行了一番精心的收拾，家裡不是很亂。當多血先生提出誠懇的邀請時，膽汁先生立刻高興地接受了，並且表示一定要在宴會上和多血先生喝個不醉不歸。嚇得多血先生連忙瘋狂擺手，表示自己那天還要開車，不能陪膽汁先生喝酒。

膽汁先生倒沒有再繼續要求多血先生，轉而提議下週兩個人一起去釣魚。多血先生只能繼續擺手，表示自己覺得釣魚沒有意思，最近已經開始玩機車了。

膽汁質的人大多會像「膽汁先生」一樣熱情、直率，雖然情緒容易過分衝動，但情緒不會影響他們太長時間，並且對人沒有心機，是適合做朋友的好人選。

多血先生第二個要去的地方是憂鬱質小姐的家。因為多血先生考慮過了，如果第一個去或者是最後一個去憂鬱質小姐家的話，肯定會害她多想。在前兩次的聚會中因為這種事已經鬧出了很多烏龍，所以，多血先生認為現在去邀請憂鬱質小姐是最穩妥的，便敲響了憂鬱質小姐的家門。

憂鬱質小姐開了門，但留著半個身子立在門內。多血先生很困惑，不知道憂鬱質小姐為什麼一副拒人於千里之外的樣子。多血先生實在是有些傷心，忍不住問憂鬱質小姐這樣做的原因。

憂鬱質小姐壓低了聲音，一雙秋水般柔弱的大眼睛低垂著，責備多血先生：既然不會久留，還要去別的地方邀請別人，又何必再進來驚擾她好不容易平靜下來的內心。多血先生非常吃驚，他沒料到憂鬱質小姐居然會知道這次自己來訪的順序。後來，多血先生才知道是膽汁先生的一則「限時動態」出賣了他。

憂鬱質的人比較容易產生悲觀的情緒，像上文中的「憂鬱質小姐」一樣，不論「多血先生」以怎樣的順序來拜訪她，都會令她痛苦、煩悶。即便是換了順序之後，依然會因為「反正你遲早都是要走的」這種不能算是理由的理由而感到痛苦。但是，我們同時又不得不承認，「憂鬱質小姐」擁有著透過零碎的資訊而將整個事物的邏輯推理出來的能力。

多血先生的最後一站是黏液質小姐家，被請進家門的多血先生說明了來意之後，黏液質小姐只是安靜地坐在沙發上喝著她的熱茶。一杯熱茶下肚之後，黏液質小姐依然沒有回覆多血先生。多血先生有些忍不住了，便開口詢問黏液質小姐是否接受他的邀請，黏液質小姐這才微微有些吃驚地說：「剛才我沒有告訴你嗎？和之前一樣，我肯定會去的嘛！對了，這是我新沏的茶，很好喝，你要不要嘗一嘗？」

黏液質的人的性格中，穩定和安靜是最為鮮明的特點。在處理一些需要耐心的事情上，黏液質的人是最佳的人選。他們在面對事情時的忍耐性也要優於其他幾種類型的人，他們更願意遵守既定的秩序和工作模式，是能夠在枯燥的生活中找到自己平衡點的人。

在現實生活中，每個人都有著多種氣質類型，複合存在的氣質類型才構成了各自不同的你、我、他(她)。

不同的人擁有著不同的氣質，但這並不會妨礙不同氣質的人成為朋友，就像「多血先生」和他的夥伴們一樣，氣質類型並無優劣高低之分。

氣質類型只不過是一種參考，而每一個人都是獨一無二的，完全毋須透過某一種具體的類別來描述自己。更好地了解各種氣質類型及其差別，不過是在幫助我們學會以更加包容的眼光來看待他人和自己，從而學會與他人更好地相處的溝通、交流之道。

第十章　潛意識溝通術

神奇的非語言交流

在日常生活中，人們其實都在有意無意地和他人進行非言語的交流。比如：在某種特定的環境中不允許人們講話，但兩個有默契的人卻能用眼神傳遞資訊。其實，這一切都要歸功於人們的潛意識。因為有潛意識在，不必言語，僅憑眼神就能傳遞自己想要表達的意思。那麼，眼神究竟是怎樣傳遞資訊的呢？在這方面，心理學家們進行過大量的實驗和研究，其中有一項是關於分析眼神是否能傳遞情緒的研究。

研究者製作了一種特製的面具，覆蓋整張臉之後，在眼睛的部位僅僅留下能夠完整視物的縫隙，其他人透過面具僅僅能觀察到佩戴面具者黑白分明的眼球。實驗人員佩戴面具後按照接受的指令表達情緒，另一群受試者觀察他們的眼神，並描述自己感受到的情緒。實驗結果不言而喻，僅僅透過觀察佩戴面具者的眼球狀況，無法了解實驗人員的情緒發生了怎樣的變化。比如：生氣和大笑時同樣的瞇眼動作在受試者看來就只是單純的瞇著眼。人們認為眼神能傳達情緒，其實最主要的是由眼瞼、眉毛、顴大肌與額頭的肌肉配合完成的。

實際上，人們是對他人整個面部表情進行足夠的分析之後才獲得了對他人的情緒認知。目光接觸的一瞬間，潛意識就已經替人們完成了對他人情緒的感知。而專注點最先放在眼睛上，也不過是人類繼承了脊椎動物潛意識中面對危險時最先要注意的地方的習慣。當我們面對他人時，最先關注對方的眼神，就是試圖透過它來感受這個人是否對自己有敵意。

身體往往也能夠將人的情緒表現出來。人們之間表示親暱的方式不外乎眼神和身體的接觸。越是對對方有好感，越是會表現出願意觸碰對方的想法和意願。當你觀察街上的情侶時，他們的肢體動作就能告訴你他們之間的感情狀況。如果他們的身體靠得十分緊密，十指緊扣或者是肩膀緊靠，有百分之八十的可能性是兩個人正處於密不可分的熱戀期，而且兩個人目前都對對方十分滿意。如果兩個人僅僅是牽著手，但兩個人身體的距離卻非常遠，很可能這兩個人的戀愛關係已經維持很久了，感情已經進入到了比較平和的時期。如果兩個人不僅不再牽手，甚至一前一後地走著，只是偶爾才進行交談，可能在某些事上令他們有些厭倦對方，或者是有了分歧或矛盾。當然，這只是在理想的狀態下透過分析一定的身體語言得出的結論。事實上，可能那對情侶在感情方面並沒有什麼問題，只是走快走慢這麼簡單。

在與陌生人的接觸中，透過身體接觸傳達的資訊可能比我們想像的要更加直觀。當一個陌生的男士主動靠近一個女士時，她會透過肢體動作來表達她的意願。如果她並不排斥他的行為，她會用伸展的肢體動作示意他可以接近自己。如果她介意男士的靠近，她就會交叉雙臂，或者扭轉身體調整她的身姿。早在他們進行談話之前，兩個人就透過身體語言率先進行了第一回合的溝通。

由於人類擁有了語言和文字，大腦開始走向一條與類人猿及其他靈長目動物截然不同的演化道路。語言中樞正是人類所特有的一種能夠處理語言資訊的腦功能區。在人類的溝通中，語言和文字發揮著越來越重要的作用，我們勢必會在意識中減少對非語言資訊的理解和接受。但是，這並不是說人們就真的對非語言資訊不敏感了；正好相反，這種交流在轉入潛意識的領域之後，反而在左右人們的意志行為上發揮了更大的作用。

非語言交流當然並不僅僅限於眼神和身體接觸這兩種形式，而它們逐漸從意識中滑向潛意識的領域，成為人們潛意識中影響自己或他人的舉止行動、思維想法的重要力量。

結論暗示是溝通利器

人們在做出結論的時候，往往會被潛意識支配，而潛意識的指令又往往指向最直接、最顯而易見的地方。諳熟這一切的傳媒人就想出了巧妙的方法，他們在人們進行思辨之前，先給人們一個明顯的結論。這樣，大多數人在潛意識的指揮下就跟從了他們的引導。這帶給我們的啟示是：既然潛意識能夠控制結論，那麼，我們是否能夠利用這一點為自己與他人的溝通創造便利呢？

從本質上講，溝通是一種自我的表達，人們用表達來傳播自己的觀點、影響他人或實現與他人交流的目的。每個人都會表達，從小處說，用言語把自己的想法說出來，這就是一種表達，甚至有的時候表達都可以不用言語，只用表情和動作便可以讓他人知道自己的喜怒哀樂。然而，表達雖然人人都會，卻未必人人都能夠表達得好。

表達自然並非一件容易的事情，但也絕非「無跡可尋」。有心理學專家指出：擅長溝通的人往往具有清醒的頭腦，擁有較強的邏輯思維，能夠更好地組織語言。他們在表達的時候能夠按照清晰的條理進行，而這個條理就是「結論先行，次序表達」。

一位顧問對一家企業的管理者說：「經過長達一個月的走訪和調查，我發現貴公司的問題實在是很多。首先，貴公司人力資源部門的職責有待加強。貴公司的財務部門管理也十分混亂，整個財務策略不統一，這會帶來極大的隱患。貴公司產品研發部門與行銷部門內耗嚴重，這些都導致管理體系有崩塌的跡象。還有客戶服務部門，我真不知道這個部門有什麼存在的意義……」

聽了上面這樣一段話，讀者都會納悶這位諮詢顧問到底想要表達什麼意思呢？他的語言邏輯是如此的混亂，以至於讓人抓不住他的中心觀點，這樣的表達自然不可能帶來良好的溝通效果。此時，如果他能夠換一種表達方式呢？

顧問對企業的管理者說：「就我目前的調查和分析可以得出這樣的結論，貴公司存在著嚴重的管理問題和財務問題。管理問題表現在客戶服務部門人浮於事、財務部門管理混亂、產品研發部門與行銷部門互相推諉責任，而這一切的根源就在於人力資源部門的責任缺失，沒有發揮很好的監督作用。與此同時，財務問題的原因主要出在財務部門，沒有統一的財務策略。這兩個問題是我經過一個月的走訪和調查發現的，我有很多數據可以支持我的觀點……」

毫無疑問，上面的表達既清晰又符合邏輯。用這樣的話語傳遞觀點，既能夠保證對方能夠聽得懂，又具有說服力。一個能夠這樣表達自己觀點的顧問，一定能夠得到他人的信賴。

上面兩段話的內容其實是差不多的，而後一種表達方式用的就是「結論先行，次序表達」的方式。

所謂「結論先行，次序表達」，就是透過一定的方式讓所要表達的內容形成一個富有邏輯的框架。這個框架包括一個前置的結論和一些支撐結論的事實或假設。然後，透過一定的順序將他們排列起來，需要表達的時候按照次序表達出來。

「結論先行，次序表達」的邏輯框架需要按照步驟展開，具體的步驟如下所述：

- 首先，給對方一個結論。中心觀點要放在整個表達框架的最中間或最頂端。在這個框架裡，你要表達出最重要的部分——結論。
- 其次，確定邏輯線索。你的結論需要邏輯進行支撐，這種邏輯可以表現為因果邏輯、證明邏輯、推理邏輯等。邏輯可以成為表達框架的龍骨，幫助你來引導溝通對象的思路。
- 第三，準備資料。為了支持中心觀點，你需要按照邏輯線索準備支持它的資料。資料要取自現實，只有這樣才能夠讓你的結論顯得更加客觀。
- 第四，檢查整個表達框架。在框架確立之後，你還需要對框架進行整理，查漏補缺，並對整個表達過程加以練習，如此才能讓表達更加自然。

由於人們總是受到潛意識的支配，所以，當你給出一個結論之後，對方在潛移默化當中就會先接受你的結論。之後，如果再有一條完整的邏輯鏈條來支持你的結論，就能保證你在與對方溝通的過程中達到事半功倍的效果了。

說服人的關鍵可能在於聲音

不知道你在上學時有沒有這樣的感受，說話聲音更大、語速更快的老師講課的效果比聲音更輕、語速更慢的老師效果好。雖然老師之間的能力不好分辨，但學生會更容易接受前一類老師的理論和看法。就像在課堂上一樣，在現實生活中你也會更加容易接受給人感覺稍顯「強勢」的推銷人員給你的推銷建議。似乎在潛意識中，「強勢」的推銷人員帶給你一種值得信賴的感覺，雖然你可能並不了解這種產品或者說完全沒了解過這種產品，但這並不會妨礙你接受他們的建議，考慮他們說的話。

除了視覺資訊之外，聽覺資訊是人們接收資訊的第二大資訊源。然而，人們卻經常忽視聽覺資訊的作用。視覺資訊只能幫助人們獲取一百八十度以內的資訊；而雙耳長在身體的兩側，卻能夠讓人們接收三百六十度全方位的聲音資訊。

耳朵每天向人傳遞著大量的資訊，這些資訊也同樣在潛意識之中不斷地左右著人的情緒、認知和想法。

也許就連自己也沒有意識到，面對不同的聲音時自己會做出截然不同的反應。

你在接到客服人員的電話時通常都會期盼那一邊傳來的是甜美的聲音。如果真的是一個嗓音美妙的客服人員打來了電話，即便你想要結束通話電話，也會變得猶豫不決，沒來由地擔心自己結束通話電話會不會影響客服人員的業績。而且，隔著電話，人們很容易對聲音甜美的異性產生非常美好的印象，甚至會猜想對方是否有著與聲音相匹配的甜美容顏。

有人可能喜歡紅色，也有人會喜歡黃色；有的人喜歡天空，有的人喜歡大海；有人更偏愛容貌甜美的女性，也有人喜愛成熟穩重的男性。人們對事物的喜好，即便僅憑視覺資訊來劃分，也依然會各有各的標準與偏好。但是，在聲音偏好上，幾乎全世界的人都有著同樣的審美標準。人們會更喜歡低沉渾厚的男聲和甜美溫柔的女聲。

事實上，聲音的資訊往往和其他感知的資訊一樣，潛藏著人們意識不到卻能被潛意識感知的情緒資訊。在溝通的過程中，人們可以透過對方的聲音分辨並過濾出自己想知道的各種情緒。聲音潛藏的情緒遠比我們自己能夠意識到的要多得多。

很多人都說自己能在歌聲中感受到歌手的情緒，但真的要形容這種情緒時，語言又不能將人們所感受到的情緒完整地描述出來。這種對情緒的感覺就像是氛圍和氣息一樣，依靠聽覺而產生但卻增添了一些無法形容的特質。

不論是在演講還是在辯論中，都會有人顯得更加激進、強勢，這是因為人在緊張時都會不自覺地提高自己的音調。雖然他們自身並沒有意識到這一點，但聲音會直接傳達出他們的情緒。和表情一樣，人們可以對聲音進行訓練，但人們仍能毫不費力地從細微的差異中感受出說話人不同的情緒。

當你試圖和他人進行交流或者試圖說服他人時，要盡量壓低你的聲音而不是提高你的音調。過高的音調會讓他人感覺到你生氣和憤怒的情緒，而這種不理智的情緒將是影響正常溝通的最大敵人。

有一種聽起來並不那麼科學的說法，說令人緊張的聲音會直接影響你想要表達的內容的「可信性」，人們會依靠潛意識中對這種聲音的印象和反應來回應你說的內容。因此，不論在任何時候，當你試圖進行溝通時，首先不要忘了平復自己的情緒，將自己的聲音狀態調整好。這時，你就會發現與對方好好溝通也不是一件很困難的事情。

第十一章　潛意識情商提升術

運用潛意識消除交際的心理障礙

最近幾年，「社交障礙」這個專有的心理疾病名詞被廣泛傳播和應用，越來越多的人聲稱自己有「社交障礙」。事實上，這些人只是陷入了不想交際的焦慮情緒之中。

大部分人聲稱自己有社交障礙，其實都只是社交焦慮障礙的一種表現。社交焦慮障礙會導致人們總是放大自己身上的缺點，時刻擔心自己的缺點會在社交場合中表露無遺，從而出醜。對於這種可能性事件的擔心和焦慮，讓他們的內心充滿了痛苦，於是也就漸漸變得越來越抗拒社交和應酬了。所以，與其說是這些人不想社交、迴避社交，不如說他們身處社交場合時情緒總是被可能會出現的不良事件影響著。這種情緒和困擾干擾了他們的正常社交活動，再加上這種痛苦的印象會被潛意識逐漸強化加深，他們面對社交活動時就生出了逃避的心理。當這種焦慮性狀況愈演愈烈時，很有可能發展成迴避型人格。

人們在很多情況下會遭遇這種社交障礙，也許是某次演講的現場，在講臺前準備稿件的你透過厚厚的幕布的縫隙，聽見臺下蜂鳴一般細碎而吵鬧的人聲時，心中立即升起了幾乎快要窒息的緊張感和不適感，如果情況變得更加惡劣，甚至會讓你生出想要轉身逃跑的念頭。是的，沒錯，這就是社交恐懼的表現。

事實上，社交恐懼症已經成為排名第三的心理疾病了。也就是說，也許此刻坐在你身邊的人看起來輕鬆自在，其實他曾經在某一個時刻與社交恐懼進行過頑強的搏鬥。那麼，究竟是什麼因素導致了令人備受折磨的社交恐懼症呢？誘發的因素有很多。答案或許會讓你大吃一驚。那就是嚴重的不自信所致。事實的真相就是如此，僅僅是因為缺乏自信以及不斷地懷疑、否定自我，負面情緒就能將人生摧毀殆盡。

前文中我們曾經提到過，在面對困難和未知的挑戰時，人們會想盡一切辦法試圖擺脫這種令自己感到沮喪和緊張的心理狀態。人們本不應該在面對困難的時候選擇不戰而逃，但有了第一次就會有第二次，在逐漸退縮的時候，人們就會因此變得越來越自卑。

因為缺乏自信而變得自卑，也因為自卑而變得更加害羞，羞於向眾人表達自己的看法。他們在眾人面前表現的機會越來越少，自己的內心也越來越封閉。在這個過程中，就形成了一個莫比烏斯環，當這條吞噬人心的大蛇首尾相連旋轉得越來越快的時候，人們內心中保持自信和自尊的領地就被它吞噬殆盡。而且，缺乏自信還有一個致命的弱點，就是讓人們更加不願意向他人尋求幫助，即便是他人向自己伸出援手，本能的反應也仍是漸漸後退，而不是握住那隻試圖幫助自己的友善之手。那麼，面對他人的幫助仍然會感到困窘的社交障礙者，又該選擇怎樣的方式來改變自己的不利處境呢？當你自覺有些交際上的心理障礙的時候，千萬不要隨波逐流、順勢而為，在困境和自卑將你吞沒之前，不妨試著用一些潛意識的手段來幫助自己擺脫自卑緊張的糟糕狀態。

我們曾經在前文中提到過心理暗示的作用。事實上，心理暗示的確能夠幫助人們在一定程度上擺脫不良的自卑情緒。如用牙齒橫著咬住一根筷子，從而露出8顆牙齒的微笑，每天堅持這個動作五分鐘，你每天都會感覺比昨天多了一點點的快樂。雖然咬筷子的時候你的內心並沒有真的感到快樂，但大腦會感受到你面部的表情動作，並配合著因此分泌出額外的多巴胺幫助你保持這種快樂的體驗。因此，心理暗示就像是一種欺騙大腦的做法。你應機械地向自己不斷地重複：我很棒，我很優秀，我是一個非常樂觀開朗、受人喜愛的人。不要思考其他的事，也不要認為這是無聊的舉動，就像是每天都需要吃飯、睡覺一樣，把它當成你每天的必要活動。堅持一段時間之後，你會發現自己不是那麼自卑了，也勇於面對自己的社交恐懼症了。

越自卑越脆弱，越自信越堅強。當擁有了足夠的自信之後，即便是在面對交際中可能出現的困窘或是尷尬，也能從容應對。在這個過程中，你要試著盡量接受並消化這種痛苦。

社交障礙者眼中的自己總是要比真實情況中的自己更加無助與弱小，習慣放大自己身上的缺點，這也是他們在社交過程中想要逃避的重要原因之一。面對這種情況，社交障礙者一定要學會正確地認識自己，給自己一個清晰準確的定位，向家人和朋友尋求幫助，從他人眼中還原一個真實的自己。

請張開雙手擁抱自己的恐懼吧！不論你怎樣恐懼未來，明天的太陽也依舊會照常升起。擺脫自己的社交焦慮，不妨先從取悅、接納自己開始。

人靠衣裝，馬靠鞍裝

俗語有云：人靠衣裝，馬靠鞍裝。在現代社會中，人們不斷地接觸陌生人，穿著打扮在某種意義上就等同於自己的名片。

和他人接觸和溝通時，早在交談開始之前，人們就已經透過他人的外貌和形象對其做了內心形象的建構。先拋去外貌條件不談，如果對方穿著整潔得體，人們心中至少是會有好感的。

很多人在面試之前都會有這樣的焦慮，我明天應該穿什麼，是隨意一點還是職業一點？髮型呢，是幹練一點好，還是更加突出自己的個性呢？這種苦惱幾乎人人都會有，並且一致認為穿著打扮可以幫助自己給他人留下一個更好的印象，至少是一個自己想要展示給他人的正面形象。

職業裝也是一種很神奇的穿著，當人們都身著能夠代表自己身分的職業裝時，著裝者個人的精神面貌也會發生很大的改變。有時候甚至很難分辨究竟是人改變了服裝，還是服裝改變了人。人們有時甚至會對某類服裝有著出奇一致的印象，彷彿穿上這類服裝之後，個體已經消失了，轉而替代的是這套裝裝之下所代表的符號及其特有的含義。

著名的美國小提琴家約夏·貝爾曾經參與過一個有趣的實驗。

在一個地鐵口內，喬裝打扮成街頭藝人的約夏·貝爾拿著價值不菲的小提琴，演奏著巴哈最難的幾支曲子。

在實驗的準備階段，大家都認為當約夏·貝爾開始演奏之後，一定會立刻將人群聚集起來。這樣的話，地鐵口甚至會出現堵塞的景象。大家認真地考慮是否要提前邀請附近的警員來維護一下現場的治安秩序。然而，當約夏·貝爾真的來到人流量相當大的地鐵口之後，真實的境況出乎所有人的意料。在約夏·貝爾演奏的整整四十五分鐘裡，只吸引了不到三十個人的關注。真正被約夏·貝爾高超的琴藝打動的都是一些孩童，但他們最終也還是被步履匆匆的父母牽走了。

也有人曾經試圖認真地聆聽約夏·貝爾的琴聲，就在大家認為他認出了約夏·貝爾的時候，卻又匆匆地離開了。整個過程中沒有一個人認出約夏·貝爾，也沒有一個人有機會從始至終好好地享受這一場免費的音樂會。不僅如此，在地鐵口的這段時間中，約夏·貝爾僅僅獲得了不到十美元的收入。如果是在一場音樂會中，約夏·貝爾能夠得到的報酬至少會是每分鐘上千美元。

是約夏．貝爾的琴技退步了嗎？四十五分鐘內至少上千人經過的地鐵口居然沒有一個人能夠分辨出約夏．貝爾的琴聲。約夏．貝爾使用的依然是一把價值不菲的好琴。把約夏．貝爾在地鐵口的演奏錄影交給他的琴迷觀看時，人們一致認為這和演唱會上的表演一樣的完美。那麼，究竟是什麼令約夏．貝爾的琴聲不再「動人」了呢？答案不言而喻。正是約夏．貝爾的穿著打扮令他的「藝術才華」在眾人眼中蕩然無存了！這實在是一件太過諷刺的事，在他成為「流浪歌手」的那個瞬間，人們對他的印象和期望就已經不同了。也就是說，即便有人聽出約夏．貝爾的琴聲的確是非比尋常的優美，也會在心裡立刻跟上一句：「很可惜，只是流浪琴師的水準。」沒有人否認約夏．貝爾優美的琴聲，但他的穿著打扮確實對他的琴聲產生了負面的影響。

對於人們來說，穿著打扮雖然不能令他人對自己完全的了解或改觀。但是，能夠在穿著打扮上稍微注意一點的話，相信還是能夠給他人留下一個好的印象的。

創造歸屬感，人人都愛「自己人」

從遠古時代到如今，人們一直在不斷地尋找同自己有更多相同點的人，再透過這些因素將自己劃分到同一個群體中。當把他人和自己劃分入同一個群體之中後，自己同他人也就產生了某種群體間的連繫，這就是群體為人們帶來的歸屬感。

置身於一個群體之中，同時就站在了另一個群體的對立面上。這就是內群體和外群體，身處群體內或是群體外無疑會改變人們看待事物的角度或方式。

不論人們的理智在頭腦中怎樣搖旗吶喊，對內群體的偏好仍然會令人們在處理問題時明顯地傾斜於某一方。

幾個老同學聚在酒吧中喝酒，他們聊起了上學時的往事。話題越扯越遠，他們的回憶中不斷出現當年在學校中受到的各種規則的約束，或者是某個差勁的老師在課堂上當眾羞辱自己，或者是某一次發生校園霸凌事件時沉默並毫無作為的無能校方⋯⋯大家的話題越扯越散，情緒也越來越高昂。

這時候，一個微微有些醉意的陌生人突然走上前來，拿著酒杯隨聲附和大家的意見，抨擊學校，氣氛瞬間變了。

陌生人僅僅說了幾句話就讓所有人變得出奇的憤怒，即便他只是順著大家的語言附和了幾句。這時，內外群體的界線一下子變得分明了起來，所有人的態度同樣變得強硬了起來，都開始為了捍衛學校以及自身的榮譽而做好了抗爭的準備。但是，一句話扭轉了這種尷尬而緊張的情況。

「我也是這所學校畢業的。」

劍拔弩張的局勢瞬間扭轉，陌生人僅僅用一句話就讓大家卸掉了身上的尖銳盔甲。

歸屬感發揮的作用遠比人們意識到的要大得多。即便上面故事中的那句話只是陌生人的謊言，它也成功地發揮了自己的作用，成了扭轉劣勢的「咒語」。

人們都認為與自己有某些相似性的人更可愛，這其實也正反映了人們自身在無意識地試圖在社會環境中尋找自己的內外群體。那麼，人們在社交的時候是否也能透過將自身放入內群體中來獲得對方的好感呢？答案當然是肯定的，而且，這遠遠比你想像的要更加簡單。當你試圖從他人的群體中找到歸屬感時，也許只是需要一句話而已。就如同上文故事中那個陌生人在那群同學中僅僅是亮明了自己的校友身分就成功扭轉了緊張的局勢，他甚至都不需要為自己準備更多的說辭，只是用簡單的一句話就完成了從「別人」到「自己人」的神奇轉變。

電子書購買

爽讀 APP

國家圖書館出版品預行編目資料

第六感的真相，左右人類思考的「無意識」力量：似本能、既視感、墨菲定律……解密佛洛伊德的冰山理論，開啟大腦的「暗門」！/ 宋丹 著 . -- 第一版 . -- 臺北市：樂律文化事業有限公司，2024.11
面； 公分
POD 版
ISBN 978-626-7552-64-3(平裝)
1.CST: 潛意識
176.9 113016629

第六感的真相，左右人類思考的「無意識」力量：似本能、既視感、墨菲定律……解密佛洛伊德的冰山理論，開啟大腦的「暗門」！

臉書

作　　者：宋丹
責任編輯：高惠娟
發 行 人：黃振庭
出 版 者：樂律文化事業有限公司
發 行 者：崧博出版事業有限公司
E-mail：sonbookservice@gmail.com
粉 絲 頁：https://www.facebook.com/sonbookss/
網　　址：https://sonbook.net/
地　　址：台北市中正區重慶南路一段 61 號 8 樓
8F., No.61, Sec. 1, Chongqing S. Rd., Zhongzheng Dist., Taipei City 100, Taiwan
電　　話：(02) 2370-3310　　　傳　　真：(02) 2388-1990
律師顧問：廣華律師事務所 張珮琦律師
定　　價： 299 元
發行日期： 2024 年 11 月第一版
◎本書以 POD 印製
Design Assets from Freepik.com